Farbe und
Feng Shui

Gudrun Mende

Farbe und Feng Shui

Raumgestaltung
mit den fünf Elementen

EIN ARBEITS- UND PROJEKTEBUCH

Callwey

Impressum

Alle Angaben wurden gewissenhaft recherchiert und mit großer
Sorgfalt überprüft. Dennoch kann eine Haftung für Änderungen
oder Abweichungen nicht übernommen werden.

© 2004 Verlag Georg D. W. Callwey GmbH & Co. KG,
Streitfeldstraße 35, 81673 München
4. Auflage 2006

www.callwey.de
e-Mail: buch@callwey.de

Die Deutsche Bibliothek verzeichnet diese Publikation in der
Deutschen Nationalbibliografie; detaillierte bibliografische Daten
sind im Internet über »http://dnd.ddb.de« abrufbar.

ISBN 3-7667-1587-9

Umschlaggestaltung, Layoutkonzept und Satz:
Atelier Seidel – Verlagsgrafik, Neuötting
(Guido Harzheim, Paul Redelius, Maria Seidel)

Druck und Bindung:
Fotolito Longo, Bozen

Printed in Italy 2006

Inhaltsverzeichnis

Mögen Sie Vorspeisen? Solche, die Ihre Augen schon beim bloßen Betrachten leuchten lassen, die elementare Sinnesfreuden wachrufen und Lust auf mehr machen?

Als eine solche Vorspeise ist dieses Buch gedacht. Es zeigt in einer Fülle von Bildern und Projekten wie man, den Gestaltungsprinzipien des Feng Shui folgend, mit dem gezielten Einsatz von Farben den eigenen Lebensraum zum Klingen bringen kann.

Denn nur, wenn es gelingt, Wohnräume über ihre reine Funktionalität hinaus zu erheben, können sie den Menschen berühren.

Dafür muss eine besondere Beziehung zwischen Mensch und Raum hergestellt werden. Um diese Beziehung aufzubauen, wird die häufig anzutreffende Beliebigkeit in der Farb-, Form-, und Materialauswahl ersetzt durch ein auf das Individuum ausgerichtetes Gestaltungskonzept, das den Einzelnen stabilisierend und harmonisierend unterstützt. Es gilt die Vorlieben eines jeden Menschen herauszufinden und in Abstimmung mit den Prinzipien des Feng Shui zu bringen.

Der Mensch wird dabei emotional vom Raum berührt und es werden Stimmungen ausgelöst, die den Bewohner mit sich selbst und seinem Lebensumfeld in Einklang bringen – und es entsteht ein Lächeln im Raum, das mit seinem Swing auf alle übergreift, die den Raum bewohnen.

Feng Shui, eine alte chinesische Kunst und Harmonielehre, ist so ein Gestaltungskonzept. Es kann uns helfen, unser Leben in größtmöglichem Einklang mit unserer Umgebung zu gestalten.

In dem vorliegendem Buch geht es jedoch nicht um eine unkritische Übernahme dessen, was aus fernen Ländern kommt. Es ist mein Ziel, die Welten des Ostens und des Westens in Beziehung zueinander zu setzen, ohne die eine der anderen überzustülpen.

Nicht die eigene verleugnen und die andere zum Dogma für künftige Handlungsweisen zu erheben, sondern beide spielerisch und einfühlsam miteinander zu kombinieren.

Über die unmittelbaren Erfahrungen mit Ihrem eigenen Lebensumfeld und anhand von praktischen Übungen werden Sie schnell und spielerisch zum Verständnis wichtiger Feng-Shui-Prinzipien gelangen.

»Denn kein Weg könnte besser sein an die verschüttete Information zu gelangen, als der, der sich über das Nach-Spüren erschließt« (Leonardo da Vinci).

Alles, was Sie dafür tun müssen, ist sich einzulassen und sich dem Weg des Buchs anzuvertrauen.

Am Ende entscheiden Sie, ob in Ihnen Anregungen zum Klingen gebracht worden sind, denen Sie nachgehen möchten. Folgen Sie diesen Impulsen und nur diesen.

Alle anderen Anregungen lassen Sie für sich stehen – ohne sie zu werten. Denn genau die können für andere Leser wichtige Impulsgeber sein.

Vieles von dem, womit sich Feng Shui beschäftigt, ist den Menschen unseres Kulturkreises vertraut gewesen. Es ist demnach verschüttetes Wissen, das nur wieder erinnert zu werden braucht. Dabei stellt der Einsatz von Farben, passenden Formen und Materialien einen kleinen Ausschnitt aus der gesamten Betrachtungsweise des Feng Shui dar.

Mit der Umsetzung der in meinem Buch aufgezeigten Anregungen tun Sie einen kleinen, aber wichtigen Schritt auf sich als Mensch zu.

Das vorliegende Material ist jedoch keinesfalls ausreichend, um Feng-Shui-Beratungen durchzuführen. Wenn Sie Interesse haben das Thema zu vertiefen, so empfehle ich Ihnen im Anhang des Buchs weiterführende Literatur.

Warum es Sinn hat, Feng Shui in sein eigenes Leben zu integrieren

Um Ihnen die tiefere Bedeutung der Harmonielehre des Feng Shui näher zu bringen, möchte ich Sie mit drei Grundprinzipien vertraut machen. So gewinnen Sie Sicherheit in der Entscheidung, inwieweit Sie diese Kunst in Ihr Leben integrieren möchten. Das Erkennen von Zusammenhängen hilft Ihnen zu differenzieren und zu vermeiden, Feng Shui als Dogma zu betrachten. Feng Shui ist ein Teil des Puzzles, aus dem sich unser Leben zusammensetzt – nicht mehr, aber auch nicht weniger.

I. Grundprinzip:

Die Reise zum Ich
oder: Wie finde ich meinen Swing?

Eine ansatzweise philosophische Betrachtung

Das Ziel: Der Lebensweg

Im Augenblick unserer Geburt begeben wir uns auf die Reise unserer Bestimmung. Diese Reise nennen die Chinesen das DAO, wir bezeichnen sie als unseren Lebensweg und Robert Redford hat einmal in einem Interview vom authentischen Swing gesprochen, den es im Leben eines jeden zu finden gilt. Dieser Weg formt sich durch die Entscheidungen, dieses zu tun und jenes zu lassen. Dadurch wird jeder Lebensweg einmalig und unverwechselbar. Seine Authentizität erhält er aber nur dann, wenn die von einem Menschen getroffenen Entscheidungen wirklich seinen eigenen Bedürfnissen entsprechen. Die Entscheidungen, die durch Modediktate ausgelöst werden, oder solche, die lediglich Ausdruck dessen sind, *was man tun* oder *was man lassen muss*, führen uns weit weg von unserem authentischen Swing.

Was brauchen wir, um unseren Lebensweg zu gehen?

Die Basis: Lebensenergie

Alles Leben ist Schwingung und Schwingung ist Energie. So ist der Schrei eines Babys nach der Geburt Ausdruck seines Lebenswillens, physikalisch betracht jedoch nichts anderes als eine energetische Entladung.

Jeder Mensch besitzt bei seiner Geburt eine bestimmte Menge Lebensenergie, die er zur Gestaltung seines Lebens mit sich bringt. Die Menge an vorgeburtlicher Lebensenergie kann nicht aufgestockt oder beliebig nachgefüllt werden. Sie ist unser Pfand für ein langes oder kurzes Leben. Westliche und östliche Mediziner sind sich heute darin einig, dass diese Energie in den Nieren beheimatet ist. Daher werden die Nieren auch als das zweite Herz bezeichnet.

Was passiert nun, wenn Ihnen etwas an die Nieren geht? Sind Sie dann nicht auch im Mark erschüttert? Am Lebensnerv getroffen?

Stellen Sie sich vor, dass Ihre Lebensenergie in den Nieren wie in einem kostbaren Gefäß aufgehoben ist. Dem natürlichen Ablauf der Natur folgend, entweicht jeden Tag ein wenig Lebensenergie, bis der Energievorrat aufgebraucht ist und wir sterben müssen. Jede Stresssituation führt zu einer heftigen körperlichen Erschütterung und eine große Menge Lebensenergie schwappt spontan aus diesem Gefäß heraus. Solche Lebenssituationen, die uns allen bekannt sind, bedeuten einen enormen Verlust an Lebenskraft und lassen uns schneller altern. Indem wir versuchen, kräftezehrende Situationen weitgehend zu vermeiden und uns mit dem umgeben, was uns gut tut, was unsere eigenen Kräfte unterstützt und nicht abbaut, steigern wir unsere Lebensqualität und pflegen das Potenzial an Lebensenergie, das uns zur Verfügung steht.

Was wir noch brauchen: Sicherheit

Doch Energie allein nützt uns nichts, auch wenn wir über ein noch so großes Potenzial verfügen. Wenn wir in einem Lebensumfeld leben, das unser Energiepotenzial reduziert, dann fühlen wir uns schnell ausgelaugt, nervlich am Ende, verunsichert und in unseren Kräften erschöpft. Dabei darf nicht verkannt werden, dass jeder Mensch eine individuelle Widerstandsfähigkeit besitzt und daher unterschiedlich stark auf atmosphärische Disbalancen reagiert. Und sicherlich gehören

auch Ängste, Trauer und Stressmomente zu unserem Leben. Die Frage ist nicht, wie wir sie gänzlich aus unserem Leben ausklammern können, sondern in welcher Häufigkeit und mit welcher Intensität wir sie in unserem Leben zulassen.
Wie geborgen fühlen wir uns in einem Lehnstuhl? Was wären wir ohne unsere Wirbelsäule? Wie nutzlos sind wir dem bunten Treiben auf der Straße ausgeliefert, wenn wir am Fenster eines verglasten Büros arbeiten müssen?
Wir brauchen daher neben Lebensenergie ein Lebensumfeld, das uns Sicherheit gibt, weil es vertraute Bedürfnisse bedient, uns schützend umgibt oder angenehm herausfordert. Dazu gehören

• Farben, Formen und Materialien, die unser persönliches Energiefeld stärken;

• Architekturen, die uns helfen, in die Balance zu kommen, was sich zum Beispiel durch ein ausgewogenes Verhältnis von offenen und geschlossenen Baustrukturen erreichen lässt;

• ein gut geschützter Arbeitsplatz (zum Beispiel nicht hinter einer wandgroßen Glasfront);

• Schlafzimmer, in denen wir morgens aufwachen und uns schwungvoll für den neuen Tag fühlen;

• ein Elektrosmog reduziertes Lebensumfeld.

Zu einem solchen Lebens- und Arbeitsumfeld gehört auch ein tägliches Innehalten, um die Schnelligkeit der Prozesse, die jede Minute auf uns einströmen, verarbeiten und neue Kräfte sammeln zu können. Die so erlebten Zeitspannen lassen auch Kontakte mit anderen Menschen zu, die uns durch ihre Sympathien ein Gefühl des Aufgehoben-Seins geben.

Die Liste stabilisierender Faktoren ließe sich mühelos erweitern.

ZIEL **DAO**
Lebensweg
authentischer Swing

Sicherheit = Balance
Formen, Farben, vitalisierende Architektur,
Menschen, die uns unterstützen

BASIS **Energie = Vitalität**
Formen, Farben, Materialien,
Himmelsrichtungen
Menschen, die uns unterstützen

Zusammenfassung

Wir brauchen Energie, um leben zu können. Sie gibt uns Vitalität und verleiht uns Kraft und Dynamik, um mit den Herausforderungen des Lebens umgehen zu können.
Zudem brauchen wir Sicherheit für einen unverstellten Blick zur Bewältigung unserer Lebensaufgaben. Ein Gefühl der Sicherheit gibt uns eine größtmögliche Balance, um mit unserer Lebensenergie sorgsam zu haushalten und unseren authentischen Swing zu entwickeln. Welche Entscheidungen Sie auf Ihrem Lebensweg treffen, ist allein Ihre Wahl. Feng Shui kann Ihnen jedoch helfen, durch die Auswahl von unterstützenden Farben, Formen, Materialien, der passenden Ausrichtung Ihres Betts und Ihres Arbeitsplatzes Ihre Kräfte zu bewahren und sich nicht so schnell zu verzehren. Indem Sie sich mit den eigenen Schwingungen und denen Ihrer Umgebung vertrauter machen, werden Ihnen Zusammenhänge in Ihrem Lebensumfeld deutlicher und Sie können bewusster mit der Gestaltung Ihres Lebens umgehen. Sie werden handeln können und weniger behandelt werden.

II. Grundprinzip:

Gibt es eine Verbindung zwischen Menschen und Raum?

Eine kurze Geschichte vom Flur

Stellen Sie sich vor, Sie müssten durch einen Flur gehen, der 0,80 Meter breit, 5 Meter lang und 3,30 Meter hoch ist. Schließen Sie einen Augenblick die Augen und stellen Sie sich vor, wie Sie diesen Gang durchschlendern.
Oder gehen Sie möglichst schnell mit eingezogenem Kopf und hochgezogenen Schultern hindurch, hastig, weil die Enge Sie beklemmt?
Vielleicht geht es Ihnen so wie vielen Seminarteilnehmern, denen ich diese Frage gestellt habe.
Sie fühlen sich unbehaglich, verschränken ihre Arme vor dem Körper und ziehen die Schultern hoch.
Die eingenommene Haltung drückt die Lungenflügel zusammen und verkürzt die Atmung. Es ist sicherlich leicht nachvollziehbar, dass der Aufenthalt in solchen Räumen die körperliche und geistige Gesundheit nicht unterstützt.

Was löst unser Verhalten aus?

In engen, langen Räumen wird Energie stark zusammengepresst und beschleunigt. Hält sich der Mensch in solchen Räumen auf, so nimmt sein Unterbewusstsein die energetische Schwingung des Raums auf und geht entsprechend mit dieser Schwingung in Resonanz. Der Mensch reagiert wie ein Echo auf das, was er als Atmosphäre im Raum vorfindet.

Welcher Rückschluss ergibt sich?

Es gibt zwei unterschiedliche Messbarkeiten: Die rationale, die das Messen mit dem Zollstock bevorzugt und die emotionale, die das Messen mit Hilfe unseres Gefühls ermöglicht.
Beide Messbarkeiten sind in sich schlüssig und liefern verwertbare Daten. In ihrem Zusammenspiel sind sie wie zwei Seiten einer Münze. Keine ist ohne die andere denkbar. Auf der Suche nach unserer inneren Balance ist es daher notwendig, sich beider Seiten zu bedienen – was angesichts unserer stark verkopf-

ten Welt sicherlich eine Herausforderung darstellt. Sind wir jedoch bereit, beide Seiten, die emotionale wie die rationale, als verlässliche Entscheidungsträger in unser Leben zu integrieren, so erwächst daraus ein »*verändertes Wahrnehmungsklima*« (Klinger).
Beginnen wir, uns in unsere Häuser und Wohnungen einzufühlen, so erleben wir eine Vergleichbarkeit ihrer Strukturen mit denen des Menschen. Schauen Sie sich nur einmal verschiedene Häuser von außen an. Hat nicht jedes sein eigenes Gesicht? Manche Häuser schauen grimmig und abwehrend und verschließen sich durch wenige vergitterte Fenster dem Kontakt mit der Außenwelt. Andere wiederum lächeln den Vorbeigehenden durch große Fenster an und vermitteln einen freundlichen Eindruck. Diese Beobachtungen können wir mühelos auch dann machen, wenn wir uns die Gesichter vorbeigehender Mitmenschen anschauen.
Und denken Sie nur an den engen Flur, der so bedrückend wirkte. Die Korrespondenz zwischen Haus und Mensch ist vielfältig. Steht die Eingangstür für den Mund, so repräsentieren

die Fenster die Augen; Energieleitbahnen sind die Flure, die ihre Entsprechung im Atemweg des Menschen finden. Kommuniziert die Front eines Hauses mit der Umwelt, so stellt die Rückseite die Stütze eines Hauses dar. Dieses Bild finden wir auch beim Menschen. Über das Antlitz treten wir in Kontakt zu unserer Umwelt, gestärkt von der Wirbelsäule, die uns hält und uns Stütze ist bei all unserem Tun. Und so wie wir uns als Menschen zu wehren beginnen, wenn sich andere zu dicht an uns stellen und uns bedrängen, sodass wir keine Luft mehr bekommen, so braucht auch jeder Raum einen freien Platz, damit er atmen kann, und sich dort Energie sammeln kann. Die Chinesen nennen diesen Platz Ming Tang und in seinem Unverstelltsein steht er für den »Lobpreis der Leere« (Laotse, Tao Te King), das allem und nichts Raum geben kann.

Zusammenfassung

Da Mensch und Raum untrennbar miteinander verbunden sind, erschließt sich uns der Swing eines Lebensraums nicht nur durch seine Funktionalität, sondern auch durch seine Emotionalität. Rückschlüsse auf die Befindlichkeit der Bewohner werden möglich und disharmonische Klänge können ausbalanciert werden.

III. Grundprinzip:

Der Blick auf das, was ist
oder: Die Schwingung zweier Töne

Von Balancen und Harmonie zu reden fällt leicht, doch stellt sich unweigerlich die Frage, wie denn Disbalancen überhaupt feststellbar sind und welcher Weg eingeschlagen werden kann, um sich einer größtmöglichen Balance anzunähern. Dazu gehört der Wille, mit einem weitgehend unverstellten Blick Zustände zu betrachten. Zudem hilft die Erkenntnis, dass der oft hochgepriesene Zustand 100-prozentiger Harmonie eher ein Relikt aus paradiesischen Zeiten ist. Wir können uns also entspannen und machen uns Schritt für Schritt auf den Weg, einen kraftvollen, harmonischen Swing in unseren Lebensbereichen zu kreieren.

Feststellen des Ist-Zustandes
oder: Das Üben der Achtsamkeit

Um einen Ansatz für Veränderungen zu haben, empfehle ich das zu beachten, was sich als »unrund« in einem Haus oder einer Wohnung finden läßt.

Lassen Sie mich ein einfaches Beispiel geben, das als Denkmodell dienen soll:

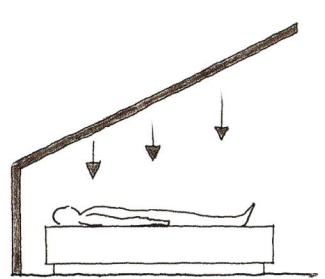

Beispiel:
Ein Kunde klagt über den unruhigen Schlaf eines seiner Kinder. Jede Nacht möchte das Kind lieber im Bett der Eltern schlafen als in seinem neuen Zimmer, direkt unter dem Dach.

Möglichkeiten der Betrachtung:
Zu der Qualität des Bereichs, in dem das Bett steht, lassen sich folgende Merkmale zusammentragen:

- Eng und drückend (durch die Dachschräge)
- Stickig (durch die Enge und das Mobiliar direkt in der Ecke, kein Fenster, dunkle Holzverkleidung)
- Dunkel und schwer (durch die Holzverkleidung)

Diesen aktuellen Zustand können wir als einen Ton bezeichnen, der, betrachtet man seine physikalischen Eigenschaften, ein bestimmtes Schwingungsmuster hat:

Wir bezeichnen diesen Ton als Ton a

Erinnern Sie sich an das erste Grundprinzip: *Sicherheit ist ein Faktor, von dem eine positive Kraft ausgeht. Sicherheit schafft Balance und größtmögliche Ausgewogenheit.* Wenn man nun innerhalb eines Lebensbereichs auf Bereiche stößt, die unausbalanciert sind, so kann Fluchtverhalten, wie im Beispiel des Kindes, die Folge sein.

Was können wir tun?

Im Sinne einer an Feng Shui orientierten Sichtweise können wir versuchen Veränderungen vorzunehmen, die zu einer größtmöglichen Balance führen. Wir installieren einen zweiten Ton, den Ton b. Dieser Ton sollte das entgegengesetzte Schwingungsmuster zum Ton a haben. Er sollte folgende Merkmale besitzen:

- weit und luftig
- frisch
- hell
- Leichtigkeit vermittelnd

Dabei stellt sich die Frage, welche Dinge diese Eigenschaften besitzen und zugleich auch passend für das Bedürfnis des Menschen und des Raums sind.
Teuere oder aufwändige Veränderungen stehen in der Regel nicht zwingend im Mittelpunkt von Feng-Shui-Überlegungen. Eine größere Ausgewogenheit innerhalb des Raumbereichs lässt sich – wie so oft im Leben – auch hier mit einfachen Mitteln erreichen.
So können wir die dunklen Holzpaneele in einem warmen Hellblau streichen.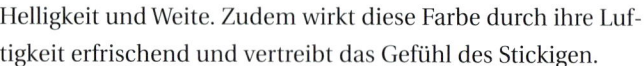
Das lässt die Assoziation an den Himmel zu und vermittelt gleichzeitig das Gefühl von Helligkeit und Weite. Zudem wirkt diese Farbe durch ihre Luftigkeit erfrischend und vertreibt das Gefühl des Stickigen.

Ein schöner, geheimnisvoller Leuchtstein in der Nähe des Betts unterstreicht durch den aufsteigenden Lichtschein die Weite und Helligkeit, die diesem Bereich bisher gefehlt hat.

Merken Sie, worauf es kommt? Es ist die Manifestation der Gegenschwingung im Raum, die Harmonie schafft. Dabei geht es nicht darum, grundsätzlich Dachschrägen oder Holzvertäfelungen abzulehnen. Die Kunst des Feng Shui besteht in einer Ausbalancierung dessen, was vorhanden ist – in der wohltuenden Verbindung des Tons a mit dem Ton b.

Zusammenfassung

Unausgewogenheit bedeutet ein Defizit innerhalb eines großen Ganzen. So kann eine zu starke Überbetonung eines Raumelements zu einer disbalancierenden Mangelsituation führen: Schwere, üppige, dunkeltonige Fensterdekorationen können das Gefühl der Schwermut vermitteln; weißtonige Räume mit ebensolchem Mobiliar machen ein Entspanntsein im Raum unmöglich. Die Liste ließe sich beliebig erweitern.

Indem Sie sich auf den Raum einlassen, ihn in seinem Charakter wahrnehmen und das für Sie Störende auflisten, finden Sie konkrete Ansatzmöglichkeiten für Veränderungen.

Festhalten am Alten oder Erneuerung

Vom Anspüren des eigenen Lebensraums

Vielleicht haben Sie Zweifel, inwieweit Ihr eigener Lebensraum überhaupt neue Impulse braucht, wo doch die letzte Renovierung erst einige Monate zurück liegt.
Möglich auch, dass Sie sich wohl in Ihrer dritten Haut zu fühlen meinen und denken, dass Sie von Ihrem Zuhause angenehm berührt werden. Und dennoch hat Ihr Unterbewusstsein Sie dazu bewogen, dieses Buch in die Hand zu nehmen. Der Verstand ist nicht selten ein trügerisches Hilfsmittel, um zu erkennen, was wirklich vorhanden ist. Unser Bewusstsein steuert lediglich 1 Siebtel unserer Handlungen, während 6 Siebtel vom Unterbewusstsein übernommen werden.

Die nachfolgende Übung verhilft Ihnen zu einem besseren Verständnis Ihres eigenen Zuhauses.
»Wir wollen nämlich sehr einfache Bilder untersuchen, die Bilder des glücklichen Raums. Sie gehen darauf aus, den menschlichen Wert der Besitzräume zu bestimmen ... Der von der Einbildungskraft erfasste Raum kann nicht der indifferente Raum bleiben, der den Messungen und Überlegungen des Geometers unterworfen ist. Er wird erlebt – mit aller ... Einbildungskraft«
(Bachelard).

Erst wenn wir uns auf den Weg machen, ein größeres Verständnis über die Qualitäten unseres eigenen Zuhauses zu erlangen, können wir auch verantwortungsbewusst in einen Dialog mit anderen über die Gestaltung von Lebensräumen treten.

Der Weg

Ihre Aufgabe ist es, Ihr Gefühl, das Sie beim Durchschreiten Ihrer Wohnung oder Ihres Hauses haben, mittels Farbe zu Papier zu bringen. Sie werden mit dieser Aufgabe nicht alleine sein, denn im Anschluss an Ihre Arbeit können Sie einen Blick auf die Vielfalt an Gestaltungsmöglichkeiten von »Lebensraumgefühlen« werfen, die vor Ihnen einige meiner Seminarteilnehmer zu Papier gebracht haben.

DIE ÜBUNG

Vorbereitung:

Nehmen Sie sich 30 Minuten Zeit und legen Sie sich folgende Utensilien bereit

Zeichenblatt DIN A2 und einen Rundpinsel Nr. 10 und/oder 15, Wasserfarbkasten und Bleistift.

Entspannende, ruhige Musik kann Ihnen bei der Durchführung dieser Aufgabe hilfreich sein.

1. Zeichnen Sie bitte den Grundriss Ihrer Wohnung/Ihres Hauses mit Bleistift auf das Blatt.

Wenn Sie ein Haus haben, so zeichnen Sie das Erdgeschoss. Dabei geht es nicht um maßstabgetreue Wiedergabe des Grundrisses. Zeichnen Sie aus Ihrer Erinnerung heraus, ohne Lineal und verzichten Sie auf Mobiliar. Je größer der Grundriss gezeichnet wird, umso besser. Zeichnen Sie Eingangstür, Türen und Fenster ein.

2. Markieren Sie den Eingang durch einen Pfeil, der zum Blattrand zeigt.

3. Wählen Sie nun *eine* Farbe aus.

4. Nehmen Sie von dieser Farbe die helle Tonung für alle Bereiche, die für Sie einen wohltuenden Swing haben, die Sie erheitern oder beleben: z.B. Gelb für alle Bereiche,
   • in denen Sie sich gerne aufhalten
   • in denen Sie gut entspannen können
   • die sich frisch anfühlen
   • die eine angenehme Dynamik ausstrahlen
   • die Ihnen ausreichend Bewegungsfreiheit bieten.

Setzen Sie von Ihrer gewählten Farbe die dunkle Tonung, z.B. Braun, für alle Bereiche ein, die für Sie Schwere, Beklemmung, Stagnation, Enge oder Unbehaglichkeit repräsentieren, weil

• sie sich schwer einrichten lassen
• Sie sich in ihnen verloren fühlen
• Sie die Enge beim Durchschreiten gerne schnell hinter sich lassen möchten
• sie muffig riechen, obwohl Sie dort oft durchlüften
• sie Sie ob der Fülle des Mobiliars oder gestapelter Zeitschriften einengen
• Sie sich dort oft müde und antriebsarm fühlen
• Ihre Kinder zu Bettflucht neigen.

Sie können auch für die Durchführung dieser Aufgaben in Hellblau/Dunkelblau oder Hellgrün/Dunkelgrün oder ebenso in Grau/Schwarz arbeiten.

Die Achtsamkeit
Durchführung

Gehen Sie nun in Gedanken durch jeden Raum hindurch und nehmen Sie beim besonnenen Durchschreiten intensiv das Gefühl in Ihnen wahr, das dabei entsteht.

Beginnen Sie beim Eingang Ihrer Wohnung/Ihres Hauses.

Fühlen Sie sich in jeden Winkel Ihres Lebensraums ein und bringen Sie das in Ihnen aufkommende Gefühl zu Papier – in hellen Farbflächen oder in dunkleren Farbflächen, so, wie Sie es intuitiv fühlen, unabhängig von der realen Ausgestaltung Ihrer Räume.

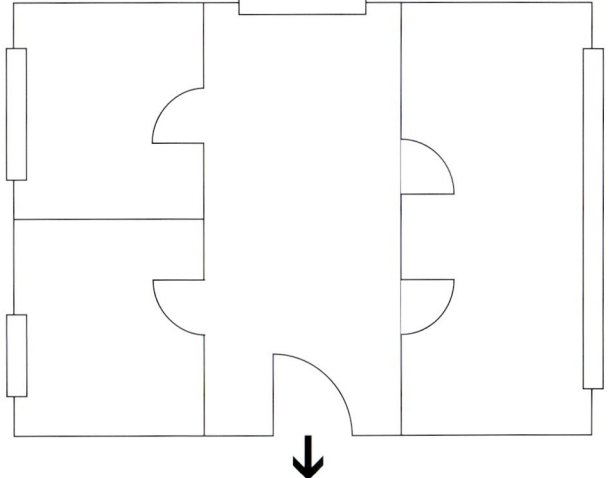

Beispiel:

Obwohl Sie das Esszimmer erst vor kurzem in einem warmen, strahlenden Gelb lasiert haben, wird dieser Raum von Ihnen und Ihrer Familie kaum genutzt. So bleibt der alte Essplatz in der Küche nach wie vor konkurrenzlos.

Beim gedanklichen Durchschreiten des neu gestrichenen Esszimmers würde dann für Sie ein unbehagliches Gefühl entstehen, denn der Raum erfüllt nicht den Zweck, für den er vorgesehen war. Sie würden daher dieses Esszimmer auf Ihrem Blatt in ein dunkles Braun tauchen.

Vom Swing des eigenen Lebensraums oder: Die Beobachtung des Energieflusses

Wie fühlt sich Ihr Lebensraum jetzt an?
Swing oder Stagnation?

Um einen besseren Zugang zur inneren Schwingung Ihrer Wohnung oder Ihres Hauses zu bekommen, hängen Sie Ihr Blatt an die Wand, sodass Sie es aus einiger Entfernung auf sich wirken lassen können.

Schauen Sie sich die energetische Wirkung Ihres Bildes genau an. Die nachfolgenden Fragen könnten hierbei ein Leitfaden für Ihre Betrachtung sein.

- Wie ist das Verhältnis von dunklen zu hellen Flächen? Welche überwiegen?

- Strahlt Ihr Lebensraum eine dynamische Wirkung aus?

- Wenn ja, lässt sich diese Dynamik aushalten oder sind Sie beim Malen vom Strudel des Wirbligen mitgerissen worden?

- Wirkt Ihr Lebensraum eher statisch und alle Räume führen ein Eigenleben, ohne dass sie zusammen klingen?

- Wenn ja, nimmt Ihnen die Stagnation die Luft?

- Haben Sie einen dunklen Eingangs- und Flurbereich?

- Wie viele Bereiche sind unbelebt, weil sie als Abstellflächen benutzt werden?

- Fließen Energien in einer Richtung stark ab, sodass man als Betrachter den Halt zu verlieren scheint?

Einige meiner Seminarteilnehmer haben sich bereit erklärt, Bilder von ihrem Lebensraumgefühl den Lesern dieses Buches zur Verfügung zu stellen. Lassen Sie diese Auswahl nacheinander auf sich wirken. Decken Sie dabei die anderen Bilder ab und betrachten Sie zum Schluss nochmals alle in einer Gesamtschau. Ihre Wahrnehmung für die energetischen Stimmungsbilder der einzelnen Lebensräume wird sich dadurch verschärfen.

Hier einige Gedankensplitter zu den Bildern, die Ihnen Impulse für Ihre Betrachtungen sein können:

Zerfließen, Überhitzung, Rückzugsort in verzehrender Unruhe?; Flexibilität; Erschütterung; Weggezogenwerden im Strudel des Alltags; Stagnation; Lebensfreude; Rhythmus; Bedrohung; atemlose Stille; Haltlosigkeit; Dynamik; Ordnung.

Überall dort, wo sich auf Ihrem Bild dunkle Flecken befinden, können Energien nicht frei im Raum fließen oder fließen zu schnell ab. Ein freier, sanft fließender Energiefluss ist jedoch wichtig, um dem Raum und den Bewohnern Kraftort und Rückzugsrevier zu sein.

Feng Shui ordnet mit Hilfe der zwei Töne die Raumenergien neu zueinander.

Fehlen energetisch aktive Bereiche, so werden sie durch kräftige Farben und bewegende Maltechniken ergänzt.

Sind die Raumenergien zu überwältigend unruhig, so hilft es, mit dem Einsatz beruhigender, sanfter Farben und dezenter Maltechniken für größere Ruhe und Stabilität zu sorgen.

Die größtmögliche Annäherung der eingangs beschriebenen zwei Töne schafft die größtmögliche Ausgewogenheit Ihres Lebensumfelds.

Was hat diese Übung mit Feng Shui und der Anwendung von Farben, Formen und Materialien zu tun? werden Sie sich vielleicht fragen.

Bevor Sie überhaupt über den Einsatz von Farben nachdenken, ist es wichtig, dass Sie die Grundschwingung Ihres Hauses oder Ihrer Wohnung wahrnehmen.

Die unverwechselbare Handschrift eines jeden Lebensraums wird durch diese Bilder deutlich. Jedes Bild hat seine lichten und seine dunklen Seiten, die beide Bestandteile unseres Lebens sind.

Zusammenfassung

Unsere Lebensräume lassen sich neu begreifen, indem wir mit Hilfe unserer Intuition einen Zugang zu unterstützenden oder blockierenden Energiestrukturen suchen.

So gelangen wir zu einem veränderten Wahrnehmungsspektrum. Unser Lebensraum erhält eine größere Verdichtung.

Lassen wir uns auf diesen Weg ein, so haben wir als Menschen einen doppelten Gewinn: Eine vertiefte Sichtweise dessen, was im Äußeren ist und was wir im Inneren empfinden.

Der möglichst unverstellte Blick auf das, was wirklich vorhanden ist, ermöglicht es Ihnen, Raumenergien zueinander neu zu ordnen und ein energetisch ausgewogenes Energiekonzept zu installieren.

Mit Hilfe der vorangegangenen Übung haben Sie vermutlich ein erstes Gespür für das Wesen und die Wirkungskraft der Lebensenergie entwickelt. Doch bedarf es eines vertiefenden Blicks, um sich dem »*Phänomen, das die Welt zusammenhält*« (Goethe), weiter anzunähern.

Die Kraftquelle unseres Lebens, der Atem der Natur

Eine kurze Betrachtung zur Lebensenergie Chi

Energie ist alles und alles ist Energie, darin stimmen östliche und westliche Denkweise überein.

So ist die Lebensenergie Chi in allem vorhanden und als universelle Kraft auch jedem Kulturkreis bekannt.

Die Kräfte des Himmels und der Erde sind die beiden Manifestationen, die mit dem inneren Chi des Menschen zusammenwirken und unmittelbar dessen Lebenskraft und Lebensgefühl beeinflussen.

Wesen und Dinge wirken in einem immerwährenden Dialog im näheren und weiteren Umfeld aufeinander ein und finden in ihren Erscheinungen ihre Entsprechungen.

Eine Feng-Shui-Analyse stellt die Bewertung des energetischen Gehalts von Lebensräumen in den Mittelpunkt ihrer Betrachtung. So erhält man Aufschluss über den Fluss, die Menge und auch die Qualität dieser Lebensenergie, die im jeweiligen Außen- oder Innenraum vorherrscht.

Hier besteht eine enge Verknüpfung mit den Energieleitbahnen und dem Energiefluss im menschlichen Körper und damit zur traditionellen chinesischen Medizin. Je höher der energetische Gehalt eines Lebensraums ist, umso vitaler fühlen sich auch die Menschen, die ihn bewohnen.

Da Farben nichts anderes als energetische Schwingungen sind, kann man mit ihnen – am richtigen Ort, in der passenden Form und im stimmigen Zusammenspiel mit den sie umgebenden Dingen – zu allererst einmal Räume energetisch aufwerten, also die Chi-Menge erhöhen.

CHI-MENGE

Da Chi der Aufmerksamkeit folgt, kann man gerade in den Bereichen, die nicht so gerne bewohnt werden oder die nur wenig Interesse bei Kunden finden, mit Hilfe von farbigen Flächen Aufmerksamkeit erregen – Farben als Eye-catcher! Vermehrte Aufmerksamkeit bedeutet vermehrtes Energiepotenzial. Die Kunst ist, das rechte Maß zu finden – die Balance eben. Stellen Sie sich einmal vor, dass sich plötzlich alle Blicke auf Sie richten! Das kann Sie spontan schwächen oder Ihnen noch mehr Auftrieb geben – auf jeden Fall werden Sie sich einem verstärkten Energiestrom ausgesetzt sehen. Wichtig ist anzuspüren, wie viel Sie ertragen können.

CHI-FLUSS

Am segensreichsten kann Lebensenergie wirken, wenn sie sanft und stetig durch die Räume mäandrieren kann, im Gegensatz zum *Sha Chi*, der Lebensenergie, die zu schnell durch lange Flure oder Einkaufspassagen fließen muss. Auch hier kann man mit Farben und entsprechendem Mobiliar das Chi in einen Swing versetzen, sodass durch die farbige Rhytmik das Energieniveau gehalten wird. Den selben Effekt erzielt man auch durch farbige Bodenmuster in Teppichen oder Steinböden. Durch Mosaikrosetten aus Holz oder Fliesen gelingt es zudem, das Chi zu bündeln.

CHI-QUALITÄT

Schmutz beeinträchtigt die Qualität der Lebensenergie stark. Schmutzige Fassaden wirken leblos, da die Schwingungsenergie der Farbe in ihrer Wirkkraft beeinträchtigt ist. Ein frischer Farbanstrich gewinnt auch der Fassade ein Lächeln ab.

Lehre von Yin und Yang

»Es gibt nichts Unveränderliches, sondern nur einen endlosen Strom sich wandelnder Kräfte« – genau das ist die Chance.

Die Yin- und Yang-Kräfte sind es, die in ihrer Vernetzung die Lebensenergie ausmachen. So kann man in einer ersten Betrachtungsebene die beiden Urkräfte ausmachen, zwischen denen sich unser Leben abspielt.

Das Potenzial der beiden Urkräfte von Yin, den abwärts gerichteten Energiekräften, und Yang, den aufwärtsstrebenden Energiekräften, entspricht den eingangs erwähnten beiden Tönen. Unser Leben spielt sich zwischen diesen beiden Yin-Yang-komplementären Kräften ab, die, so verschieden sie auch sind, sich dennoch gegenseitig bedingen und ergänzen. Denn wann können wir sagen, es sei Nacht, wenn wir den Tag nicht kennen?
Yin und Yang wirken gegen- und miteinander, sind nicht zu trennen und ergeben im Zusammenspiel stets das Ganze: Wie eine Münze, deren beide Seiten voneinander verschieden sind und sich dennoch gegenseitig bedingen. Yin und Yang bewegen sich in einem ewigen Wechselspiel: dehnt sich die Kraft des Yang aus, so weicht die des Yin zurück, dehnt sich Yin aus, so wird die Kraft des Yang schwächer, um auf den Moment zu warten, an dem sie sich wieder ausdehnen kann. Die Anlagen der Yin-Kräfte sind im Yang bereits erhalten, ebenso wie die Anlagen der Yang-Kräfte im Yin enthalten sind.

Ein eindruckvolles Beispiel für die Rhythmik von Yin und Yang ist der Ablauf eines Tages: Mit Sonnenaufgang nimmt die Helligkeit und Intensität des Lichts immer mehr zu, bis mittags der Höhepunkt erreicht ist. Zum Abend hin nimmt die Kraft des Lichts ab, bis schließlich in der Nacht die Dunkelheit am intensivsten ist. Im frühen Morgengrauen beginnt mit dem Aufgehen der Sonne der Zyklus von Neuem.

Diesen unaufhörlichen Wandel sollten wir uns immer bewusst machen. Er ist das Einzige, auf das wir uns verlassen können, denn der Platz, der zur Mittagszeit noch belebt war, ist nachts menschenleer, und eine Stadt, die tags in das gleißende Licht der Sonne getaucht ist, kann Stunden später in der Kühle der Nacht aufatmen. Um eine genaue Zuweisung vornehmen zu können, brauchen wir also immer einen Bezugspunkt. Die beiden Urkräfte begegnen uns überall, da alles von ihnen durchdrungen ist. Alle Erscheinungen wie Farben, Formen, Materialien, Himmelsrichtungen, Gemütszustände, Organe werden diesem Gegensatzpaar zugeordnet. Sie sind die Grundlagen des Feng Shui und je größer die Balance zwischen beiden ist, umso größer ist die Kraft und Harmonie, die von ihnen ausgeht. Ein zu starkes Vorhandensein von Yin-Kräften ist ebenso unerwünscht wie eine zu starke Überbetonung von Yang-Kräften.

Gelingt es Ihnen, Ihre Wahrnehmung für das Vorhandensein dieser Kräfte im Rahmen der Raumgestaltung zu schulen, dann haben Sie die Basis zur harmonischen Gestaltung Ihres Lebensumfelds geschaffen.
Denken Sie daran, dass es 100-prozentige Harmonie nicht gibt und Sie sich daher »nur« einer größtmöglichen Ausgewogenheit annähern können.

Eine entsprechende farbliche Gestaltung, die durch stimmige Formen und Materialien ergänzt wird, kann ein Weg sein. Scheuen Sie sich nicht vor den kleinen Schritten, denn sie sind die Basis für alle weiteren Veränderungen.

Im Folgenden erhalten Sie einen Einblick in die Zuordnung dieser beiden Kräfte unter dem Blickwinkel der Gestaltung von Lebensräumen:

YIN	YANG
weiblich	männlich
hinten	vorn
rechts	links
dunkel	hell
kalt	warm
schwer	leicht
weich	hart
statisch	dynamisch
ruhig	unruhig
matt	glänzend
dünn	dick
hochflorig	niederflorig
niedrig	hoch
glatt	rau
FORMEN	
rund; oval, amorph, bogenförmig, unregelmäßig, gewellt,	eckig, zylindrisch, säulenförmig, spitz
waagerechte Formen	senkrechte Formen
quadratisch	rechteckig
in einer Gruppe eingebunden	solitär stehend
FARBEN	
monochrome Pastelltöne	polychrome Volltonfarben
Braun, Weiß, Gold, Silber, Kupfer, Grau, Blau, Schwarz	Türkis, Grün, Rot, Rosa, Orange, Gelb

YIN	YANG
MATERIALIEN	
Tapeten	Fliesen
Teppiche, Kork	Parkett
Teppichböden	Steinböden
Vorhänge mit Faltenwurf	Metallrollos, Schiebevorhänge
schwere Samtvorhänge	luftig, leichte Gazevorhänge
Sand, Lehm, Erde	Granit, Marmor
Ziegelmauerwerk	offene Fensterfronten
Wasser, Glas,	Kunststoffe, Leder, Metall
OBERFLÄCHEN UND TECHNIKEN	
Lehmputz	Kalkputz
Lasur	Kammzugtechnik, Vergolden, Glättemarmortechnik
LICHT	
Schatten	Licht
indirekte Beleuchtung	Halogenlicht
Stofflampen	Metalllampen
ZIMMER	
Ess-, Schlaf- und Badezimmer, Toiletten, Vorratsraum, Bibliotheken, Meditations- und Ruhebereiche (auch im Kinderzimmer)	Wohn- und Arbeitszimmer, Kinderzimmer, Küche, Spiel- und Musikzimmer, Flur und Diele

Zusammenfassung

Yang hat mit allen Aktivitäten zu tun, die auf Ausdruck gerichtet sind. Es beschreibt energetische Impulse, die expandieren und sich nach außen öffnen. Yin hat mit allen Aktivitäten zu tun, die auf Eindrücke gerichtet sind, mit Vorgängen, die sich nach innen konzentrieren.

Nichts kann nur ausschließlich einer der beiden Urkräfte zugeordnet werden. Beide Kräfte sind zu unterschiedlichen Anteilen in allem enthalten. So können die folgenden Beispiele das Gemeinte verdeutlichen.

YIN	YANG	YIN	YANG
FARBE	**FARBE**	**FARBE**	**FARBE**
pastell	volltonig	matt	glänzend

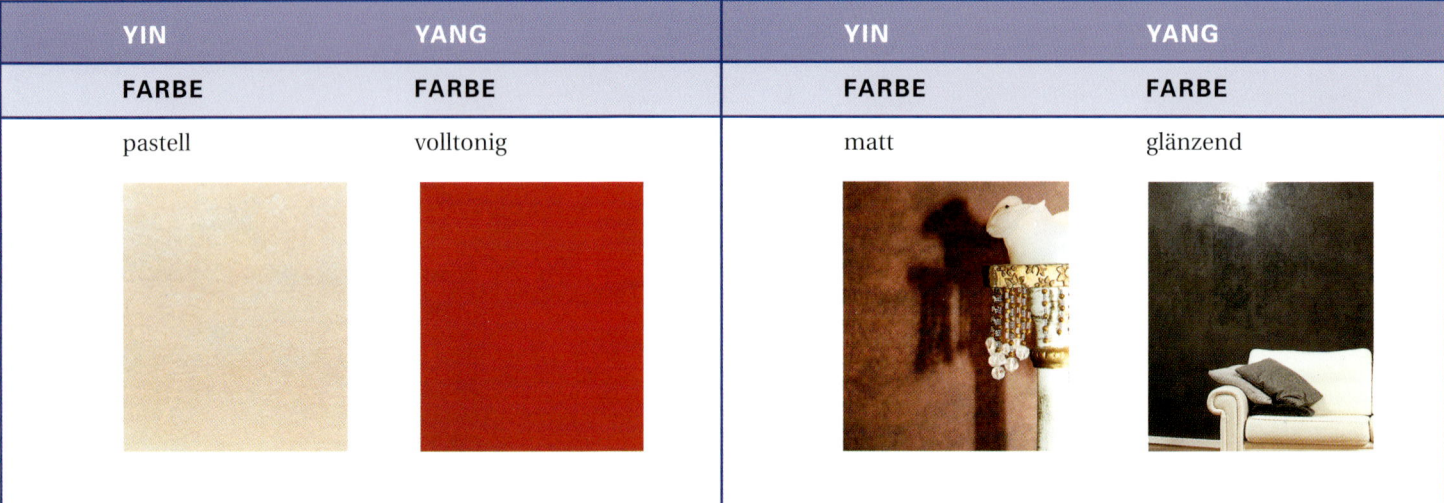

YIN	YANG	YIN	YANG
WANDSTRUKTUR	**WANDSTRUKTUR**	**TECHNIK**	**STOFF**
glatt	rau/bewegt	Lasur matt	Vorhang glänzend

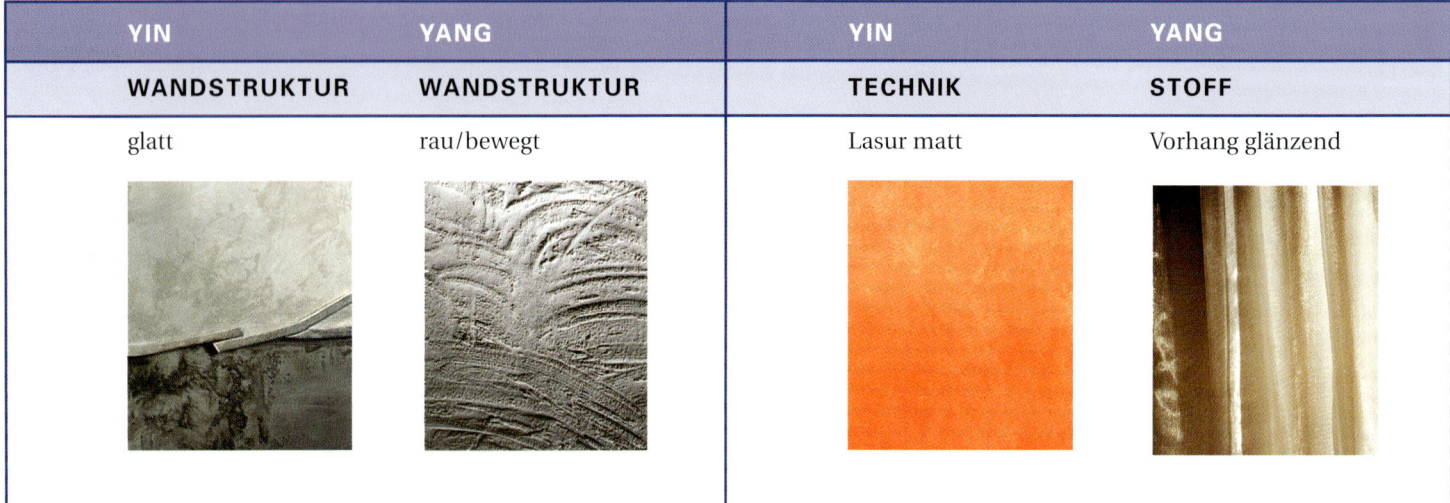

YIN	YANG	YIN	YANG
STOFF	**WANDFARBE**	**TEPPICHBODEN**	**TEPPICHBODEN**
dunkel	hell	hochflorig	Sisal

Yin und Yang am Beispiel von Frauen

Das Model Claudia Schiffer ist von ihrem Erscheinungsbild sehr weich und sanft, also sehr yin. Die Frauenrechtlerin Alice Schwarzer hingegen erscheint uns eher herb und streng, demnach mehr yang, wohingegen die Fernsehjournalistin Sabine Christiansen eine Mischung von beiden zu sein scheint. Alle drei sind weiblichen Geschlechts und dennoch völlig unterschiedlich in ihrem Erscheinungsbild.

Yin und Yang am Beispiel der Farbe Grün

Was unterschiedliche Blickwinkel bei Frauen betrifft, gilt ebenso für alles andere – auch für die Farben. So kann ich zum einen die Farbe Grün unter dem Blickwinkel ihrer Hell-Dunkel- oder ihrer Warm-Kalt-Wirkung betrachten. Um Ihren Blick für den Facettenreichtum der unterschiedlichen Erscheinungsbilder von Yin und Yang zu erweitern, werden im Folgenden unterschiedliche Bezüge zwischen Farben, Wandstrukturen, Techniken hergestellt und deren Yin-Yang-Beziehung im Wechselspiel untereinander verdeutlicht.

Die fünf Elemente

Betrachtet man nun die beiden Polaritäten Yin und Yang differenzierter, so kann man innerhalb ihres Schwingungsmusters weitere Feinheiten erkennen. Es sind fünf unterschiedliche Schwingungsarten, die in einem bestimmten Bezug zueinander stehen: Man nennt sie die fünf Elemente oder auch die fünf Wandlungsphasen, da sie alle dynamischen Prozesse des Werdens und Vergehens in der Natur verkörpern. Holz, Feuer, Erde, Metall und Wasser sind demnach die Manifestationen der kosmischen Energie und bilden die Grundbausteine unseres Daseins. Sie sind mal stärker, mal schwächer vertreten und ihr Erscheinen und Verschwinden ist nichts anderes als die ewige Wellenbewegung, der alle natürlichen Abläufe unterworfen sind. Jedem einzelnen Element lassen sich die unterschiedlichsten Erscheinungen wie Formen, Farben, Materialien, Himmelsrichtungen, Gemütszustände und Verhaltensweisen zuordnen. Alles pulsiert und schwingt und tritt somit in Resonanz mit seiner Umwelt.

Die Kenntnisse und Anwendung der fünf Elemente ermöglicht es Ihnen, für die Gestaltung von Wohn- und Arbeitsräumen ein stimmiges Paket aus entsprechenden Formen, Farben und Materialien zusammenzustellen, denn jede Farbe, jede Form und alle Materialien lassen sich einem Element zuordnen. Die fünf Elemente bieten dabei Rahmenbedingungen an, die jedem Menschen umfangreichen Spielraum zur Entfaltung der eigenen Kreativität lassen.

Wie finden Sie nun heraus, welche energetische Ausrichtung die einzelnen Elemente haben?
Der Weg über die eigenen Erfahrungen mit Hilfe der nachfolgenden Farbübungen, wird Sie schneller und intensiver den Wesenskern der Elemente verstehen lassen, da Sie die unterschiedlichen Schwingungseigenschaften jedes Elements besser verinnerlichen können. Das hilft Ihnen bei der späteren Betrachtung von Wohn- und Arbeitsräumen in Bezug auf deren energetische Ausgewogenheit und innere Kraft. Da auch jeder Mensch, wie Sie im Verlauf des Buches sehen werden, in seinem Wesenskern einem dieser fünf Elemente zugeordnet werden kann, können Sie aus den Schwingungseigenschaften der Elemente bereits Grundstrukturen menschlichen Handelns ablesen.

DIE FÜNF ELEMENTE

DIE ÜBUNG

1. Vorbereitung:

Nehmen Sie sich 30 Minuten Zeit und setzen sich an einen ruhige Ort.

Sie benötigen einen Wasserfarbkasten mit 12 Farben, einen Rundpinsel Stärke 8–12, Wasser und sechs DIN-A3-Blätter.

Teilen Sie jedes Blatt in sechs gleich große Felder und nummerieren Sie die Felder.
Mit Hilfe von verschiedenen Farben und Pinselführungen können Sie nun beginnen:

2. Die Farben:

Setzen Sie bitte folgende Farbtöne für diese Übung ein:

Maigrün für das Holzelement;

Zinnoberrot für das Feuerelement;

Gelb für das helle Erdelement und

gebrannte Siena für das dunkle Erdelement;

lichtes Grau oder Silber/Gold
für das Metallelement und

Ultramarinblau für das Wasserelement.

3. Die Pinselführungen

Jedes der sechs Felder eines Blatts wird nacheinander mit einer einzigen Farbe in folgenden Pinselführungen gestaltet:

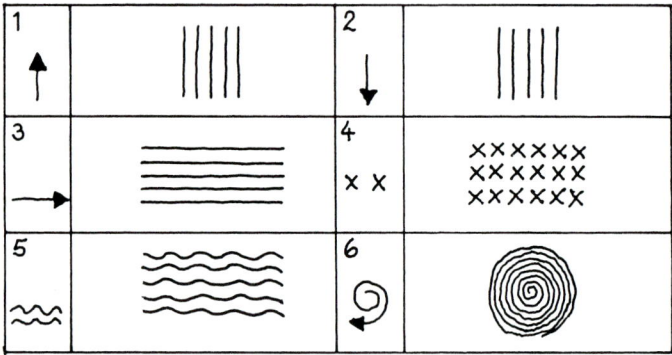

1. Senkrecht verlaufende Linien von oben nach unten
2. Senkrecht verlaufende Linien von unten nach oben
3. waagerechte Linien links nach rechts
4. Kreuzschlag
5. Wellenlinien
6. Kreis von außen nach innen im Uhrzeigersinn

4. Die Achtsamkeit

Malen Sie langsam und konzentriert und fühlen Sie an, welche Pinselführung Ihnen mit welcher Farbe am leichtesten fällt, was Ihnen also »gut von der Hand geht«, wann »es gut läuft«. Machen Sie hinter jede dieser Pinselstrichübung dann ein +. Lassen Sie sich ganz auf die Schwingung der einzelnen Farben ein und legen Sie sich keine vorgefertigten Ergebnisse zurecht. Bleiben Sie offen und spüren Sie, welche Pinselführungen Ihnen mit welcher Farbe schwerer fallen, wo Sie Widerstände spüren, was Ihnen und der Farbe förmlich »gegen den Strich geht«. Machen Sie hinter jeder dieser Pinselstrichübungen dann ein –.

5. Das Ergebnis

Vielleicht ist es Ihnen bei dieser Aufgabe ähnlich ergangen wie vielen Malermeistern und Architekten in meinen Kursen. Nach anfänglichem Widerwillen haben sie sich auf diese Übung ein-

gelassen und erstaunliche Erkenntnisse gewonnen. Ihre Ergebnisse können Sie mit denen zweier Seminararbeiten vergleichen, die einen Querschnitt aller Kursarbeiten darstellen. Es ist dabei unerheblich, ob alle das gleiche Ergebnis haben. Wichtig ist, ob es Ihnen gelungen ist, Unterschiede in den Schwingungsqualitäten der einzelnen Elemente festzustellen. Und sicherlich werden auch Ihre Ergebnisse im Mittel mit dem Gros der fast hundert Seminarteilnehmer übereinstimmen.

Die Auswertung der Ergebnisse:

Das Grün des Holzelements ließ sich am leichtesten von unten nach oben streichen und am schwersten waagerecht von links nach rechts.

Das Rot des Feuerelements ließ sich am leichtesten von unten nach oben aufstreichen und im Kreuzschlag, während bei den Wellenlinien und der Zentrierung in die Kreismitte Widerstände zu spüren waren.

Das Gelb und Braun des Erdelements war am leichtesten bei waagerechter Pinselführung aufzustreichen, während die abwärts und aufwärts gerichteten Strichbewegungen den größten energetischen Widerstand boten.

Das lichte Grau des Metallelements ließ sich am leichtesten in der nach innen ausgerichteten Kreisbewegung streichen, und die aufwärts gerichteten Bewegungen waren am ungünstigsten für das Metallelement.

Das Blau des Wasserelements ließ sich mühelos in Wellenbewegungen streichen, aber die Kreuzschlagtechnik stellte für das Blau das größte Hindernis dar.
Jedes Element und ebenso seine dazugehörigen Farben haben also bestimmte Richtungen, in die sie schwingen oder sich mühelos streichen lassen. Wiederum gibt es Ausrichtungen, die den Elementen und ihren Farben »gegen den Strich gehen«, Richtungen, in die die Farbe Widerstände aufbaut, weil diese der natürlichen Energiebewegung des Elements und seiner Farben entgegenlaufen. Arbeitet man demnach in Übereinstimmung mit den Kräften, die jedem Element und seiner Farbe innewohnen, so unterstützt man ihr Kraftpotenzial, arbeitet man gegen die innere Schwingungsrichtung eines Elements oder seiner Farbe, so werden das Element und seine energetische Kraft geschwächt.

Das Ergebnis ist faszinierend, denn die überwiegende Mehrheit der Seminarteilnehmer machte übereinstimmende Aussagen über das von ihnen ermittelte energetische Verhalten der Farben, die mit dem tatsächlichen Schwingungsmuster der fünf Elemente in hohem Maß übereinstimmten. Das belegt eindrucksvoll, dass die Grundlagen des Feng Shui multikulturelles Wissen darstellen und keinesfalls nur in China angewendet werden können.

Betrachten Sie die verschiedenen Energiebewegungen, so sehen Sie, dass jeweils zwei Bewegungsrichtungen nach oben streben. Zu ihnen gehören die Elemente Holz und Feuer. Zwei richten sich nach innen oder unten. Es sind Metall und Wasser. Das Element Erde stellt die tragende Mitte dar, den Raum, an dem sich die Richtungsenergien ändern.

Die charakteristischen Energiebewegungen der einzelnen Elemente sind demnach wie folgt:

ELEMENT	POLARITÄT	ENERGIEBEWEGUNG	
Holz	yang		nach oben außen
Feuer	yang		nach oben
Erde	yin/yang		statisch, gleichmäßig, sanfte waagerecht verlaufende Bewegungen
Metall	yin		nach innen, zentriert
Wasser	yin		nach unten abfallend

Die fünf Elemente

Jedes der fünf Elemente hat sein eigenes Energiemuster und dadurch seine besondere Wirkung auf seine Umwelt. Auch die den Elementen zugeordneten Farben und Formen erfahren dadurch ihre eigene Charakterisierung. Und natürlich auch der Mensch, der durch die Energiequalitäten zum Zeitpunkt seiner Geburt seine eigene Wesenheit erhält.

Eine Reihe von persönlichen Rahmenbedingungen, die mit dem Schicksal jedes Einzelnen eng verknüpft sind, führen zu einer individuellen Erlebnisskala. Darüber hinaus gibt es grundsätzliche Aussagen, die über die Wirkung von Farben gemacht werden können, da die Wahrnehmungen zum Farberleben bei Testpersonen alle im selben seelischen Erlebnisfeld angesiedelt waren. Lediglich die Bewertungen fielen unterschiedlich aus, sodass man beim Erleben von Farbwirkungen von einem gemeinsamen Erfahrungsschatz des kollektiven Unterbewussten von Menschen sprechen kann. Halten Sie sich für die nun folgenden Elementebeschreibungen stets die Ihnen mittlerweile bekannten energetischen Schwingungen der einzelnen Elemente vor Augen.

Sie sind der Schlüssel zum tieferen Verständnis des Textes.

Die den einzelnen Elementen zugeordneten Farben werden wie folgt betrachtet:

1. **Das Element und seine Farben**
2. **Die assoziative und gesundheitsfördernde Kraft der Farbe**
3. **Das Element und der Mensch**
4. **Das Element und seine Form**
5. **Das Element und seine Materialien**
6. **Das Element und seine Himmelsrichtung**
7. **Das Element und die passenden Wohnbereiche**

HOLZELEMENT

1. Das Element und seine Farben

 Das Element Holz gehört mit seiner nach oben außen strebenden Energiebewegung zur Yang-Polarität. Vom Blaugrün über ein sattes Maigrün bis hin zum Gelbgrün.

Je stärker der Blauanteil innerhalb der Farbtonung des Holzelements, wie zum Beispiel bei Tannengrün, desto größer ist der Yin-Anteil der Farbe. Das hat zur Folge, das die Farbe schwerer wird und nach unten zieht. Ganz anders das Maigrün, dessen frische Kraft das Sprießen der Natur nachvollziehbar macht. Trotz der Vielfältigkeit der Grüntöne in der Natur wird der Einsatz von Grüntönen in Innenräumen oftmals umgangen, da ihnen Langeweile und der Ausdruck des allzu Bekannten und Gewöhnlichen anhafteten. Eine geschwungene Pinselführung, blaue oder rote Farbfelder oder fließende Formen verleihen den Grüntönen eine durchaus ungeahnte Modernität. Gleichzeitig wirkt ein Blaugrün kälter und reservierter als ein Gelbgrün und wird manchmal mit Eiseskälte in Verbindung gebracht. Der hohe Gelbanteil des Gelbgrüns trägt in sich wärmende Kraft und entzieht sich energetisch nicht, sondern pulsiert in den Raum hinein.

 Türkis ist die Farbe zwischen Grün und Blau. Sie gehört bei größerem Grünanteil zum Holzelement, bei stärkerem Blauanteil zum Wasserelement.

2. Die assoziative und gesundheitsfördernde Kraft von Grün

 Hoffnung und Heilung; Natur, Freiheit und Weite; Leben und Gesundheit; Frische, Frühling und Jugend; Neuanfang und Optimismus gehören zu den angenehmen Gedanken, die sich mit Grün verbinden. Aber auch Galle, Gift und Unreife als negative Assoziationen sind mit Grün verknüpft. In China gibt es keine negativen Assoziationen mit Grün. Der grüne Drachen besitzt dort ausschließlich vortreffliche Eigenschaften und Grün wird mit Fruchtbarkeit und Frühling, dem Beginn allen Werdens verbunden. Grün ist die Farbe der Harmonie, des Ausgleichs und der Heilung. Sie vermittelt Hoffnung, und da sie von allen Farben das Auge am wenigsten ermüdet, hält der positive Impuls, der sich mit Grün verbindet, lange an.

 Blaustichiges Grün stärkt zurückhaltende Selbstsicherheit, während Gelbgrün nicht selten durch seine konfliktbeladene Elementekombination Erde-Holz als grell empfunden wird und in seiner Intensität einen expansiven, verdrängenden Charakter hat, der Gereiztheit aufbauen kann. Mittelgrün gilt als ausgleichsfördernd für das Gemüt und stärkt die innere Balance und unterstützt schöpferische Prozesse.

Türkis wirkt schützend und stärkt das Selbstbewusstsein.

Ein Farbspiel zwischen grünen und violetten Farbfeldern baut zum Beispiel ein Spannungsfeld zwischen Natürlich und Künstlich, Realistisch und Magisch auf.

3. Der Mensch und das Entwicklungsprinzip Holz

Menschen mit ausgeprägten Holzenergien gelten als kreativ und können gut Verbindungen zu anderen Menschen herstellen. Begeisterungsfähigkeit und Spontaneität kennzeichnen sie und erfrischend strategisches Handeln ist ihre Stärke. Dabei sollte man ihnen einen großen Freiraum einräumen.

Ist das Holzelement zu stark ausgeprägt, kann es zu Distanzlosigkeit, Zorn und Ungeduld gegenüber anderen Menschen kommen. Auch übertriebener Optimismus kann das Handeln bestimmen. In diesem Fall sollte das Holzelement abgeleitet werden. Melancholie, Zaghaftigkeit und mangelndes Selbstvertrauen deuten auf ein schwach ausgeprägtes Holzelement hin. In diesem Fall sollte das Holzelement unterstützt werden.

4. Form	5. Material	6. Himmelsrichtung	7. Wohnbereiche
hochkant, Rechtecke, vertikale Formen, schmale, hohe Räume, Säulen, Hochhäuser, Regale	Holz, Parkett, Pflanzen, Baumwolle, Papier	Osten, Südosten	Eingangsbereich, Küche, Kinderzimmer, Bibliothek

FEUERELEMENT

1. Das Element und seine Farben

 Das Element Feuer ist mit seiner kraftvoll nach oben ausgerichteten Energiebewegung ebenfalls Yang-polar. Vom blaustichigen Rot, dem Violett, Lila und Purpur über die prallen Rottöne, dem zarten Rosa bis hin zum Orangerot, Ziegelrot und dem helltonigen Terracotta reicht die Palette der Rottöne. Je dominanter Blau- und Braunanteil innerhalb der Rottonungen sind, umso größer ist die Yin-Ausrichtung des Farbtons und damit ihre nach innen wirkende, stärker statisch ausgerichtete Pulsierung. Das feurige Rot hat den stärksten Yang-Anteil und pulsiert demnach auch am kräftigsten auf den Betrachter zu. Es ist daher sinnvoll, das Rot in der flächigen Gestaltung als Bild anzulegen und nicht bis in Ecken hineinzustreichen, da die energetische Kraft des Rottons zu stark auf die Nachbarwände übergreift. Durch seine direkte Kraft hat Rot daher den unmittelbarsten Gegenwartsbezug – es ist direkt, unumgänglich und selbstbewusst. Seinen provozierenden Charakter kann man durch Hinzugabe des Metallelements in Form eines Perlglanzüberzugs (Seite 150) zurückdrängen.

 Rosa ist durch Hinzugabe des Metallelements Weiß stark Yin-lastig. Durch die reduzierende Kraft des Metalls wird die aktivierende Farbe energetisch geschwächt, erhält jedoch gleichzeitig eine neue Qualität auf der emotionalen, herzlichen Ebene – was besagt,

dass der Verlust an Yang-Energie keinen wirklichen Qualitätsverlust bedeuten muss.

 Orange besitzt weniger Yang-Energie als sattes Rot, da es durch die Anteile des Erdelements energetisch besänftigt ist. Dennoch vereint es die sonnige Kraft von Gelb mit der Vitalität von Rot.

2. Die assoziative und gesundheitsfördernde Kraft von Rot, Rosa und Orange

 Vitalität und Blut, Liebe und Sexualität, Aktivität und Jugendlichkeit, Feuer und Wärme, Wertvolles und Luxus, aber auch verzehrende Leidenschaft, Aggressivität und Gefahr bis zum Tod spiegeln sich im Rot wider.

In China gehört Rot zu den männlichen Farben und gilt als Sinnbild des Göttlichen. In der Verbindung mit Gold symbolisiert Rot Glück und Wohlstand, weshalb am Neujahrstag rot gefärbte Eier verschenkt werden.

Rosa ist eng verknüpft mit Rosen, Liebe und einem süßlichen Erscheinungsbild.

Orange wird mit saftigen Früchten, Erleuchtung und Warnhinweisen assoziiert.

 Rot erregt und treibt an, warnt und lockt zugleich. Durch die Assoziation mit Blut unterstützt es die Vitalkraft des Menschen, jedoch sollte es, wie in der Natur, zurückhaltend eingesetzt werden. Rot setzt Signale und ist damit Aufmerksamkeit fördernd. Zugleich drückt es Zielgerichtetheit und Entschlossenheit aus. Erdige Rottöne haben eine schwächere Yang-Kraft und ihre energetische Wirkung im Raum ist zurückhaltender.

Rosa fördert Herzenswärme und Nähe. Schwächen zulasssen und der Intuition Raum geben sind Merkmale dieser Farbe. Es macht emotional weicher und wirkt durch seine ausgleichende Schwingung entstressend.

Orange wirkt erregend, heiter und setzt kämpferische Impulse.

Das Farbspiel Orange und Weiß thematisiert ein Spannungsfeld zwischen Aufdringlichkeit und Bescheidenheit; die Farbkombination Orange und Grau zwischen Heiterkeit und Tristesse. Das Farbspiel zwischen roten und weißen Farbfeldern baut ein Spannungsfeld zwischen Kraft und Schwäche, Fülle und Leere, Leidenschaft und Gefühllosigkeit auf.

3. Der Mensch und das Entwicklungsprinzip Feuer

Menschen mit ausgeprägten Feuerenergien gelten als Schöpfernaturen mit innovativen Fähigkeiten. Ihr Selbstbewusstsein, ihre Willensstärke und Neugierde treiben sie an, wenn sie »Feuer und Flamme« für eine Tätigkeit sind. Eine gute Erdung ist daher unverzichtbar, damit sie nicht von ihren »Leidenschaften« verzehrt werden.

Ist das Feuerelement zu stark ausgeprägt, so nehmen Klarheit im Denken, Begierigkeit, Reizbarkeit und ständige Zeitnot zu. In diesem Fall sollte das Feuerelement abgeleitet werden. Antriebsarmut, Lethargie oder Schwierigkeiten, Dinge zu beenden, zeugen von schwachem Feuerelement. In diesem Fall sollte das Feuerelement gestärkt werden.

4. Form	5. Material	6. Himmelsrichtung	7. Wohnbereiche
aufsteigend, spitz, eckig, Giebeldächer, dreieckig	Leder, Wolle, Kunststoffe, Plastik, Synthetics	Süden	Küche, Arbeitsplatz, Kamin

ERDELEMENT

1. Das Element und seine Farbe

 Das Element Erde gehört mit seinen trägen, bewahrenden Schwingungen zum Element der Mitte, aus der heraus sich die anderen Elemente entfalten. Die Yang-Polarität des Erdelements spiegelt sich in den sonnigen, lichten Farbnuancen von Gelb wider. Die Yin-Polarität findet man in den verschiedenen Brauntonungen, die vom hellen Ocker bis zum dunkelsten Braun reichen.

Brauntöne manifestieren die Erdungsgefühle am besten, doch zu viel Braun macht schwermütig und daher sollten immer auch heitere, Yang-polare Farben dem Braun hinzugefügt werden. Räume, die lückenlos in den Farben des Erdelements gestrichen worden sind, schaffen oftmals das Gefühl, in einem Schuhkarton gefangen zu sein, auch wenn es sich um einen sonnigen Gelbanstrich handelt. Es empfiehlt sich, die Räume an einigen Stellen durch Ableitung in Form von weißen Türrahmen oder weißen Farbflächen energetisch zu öffnen. Aufdringlich und unerträglich erscheinen die grellen Gelbtöne, die durch eine energetische Dissonanz zwischen Erde- und Holzschwingung entstehen. Diese Farbtöne können mit einem Schuss Umbra gebrochen werden.

Das Farbspiel zwischen Gelb und Grau baut einen Yin-Yang-Dialog zwischen Trüb und Strahlend auf.

2. Die assoziative und gesundheitsfördernde Kraft von Gelb und Braun

Sonnenlicht, Sterne und Heiterkeit, Reife und Fülle werden mit Gelb assoziiert, während Zuverlässigkeit und gute Erdung, Mauern und Grab häufig mit dem Braun der dunklen Erde verbunden werden. In China ist Gelb die Farbe der Götter und des Kaisers und erst im Zusammenspiel mit Gold erhöht es dessen Wertigkeit.

 Gelb wirkt erhellend und stützt die Phase des Reifungsprozesses im Menschen. Es wirkt Vertrauen erweckend und unterstreicht Zuverlässigkeit. Zur Förderung geistigen Wachstums und zur Belebung der Kommunikationsbereitschaft ist Gelb bestens geeignet, da es Konzentrationsfähigkeit und Selbstvertrauen stärkt. Glücklich-Sein in aller Ehrlichkeit und Hilfsbereitschaft sind die Botschaften, die mit dem Erdelement mitschwingen.

 Braun gibt den sicheren Boden unter den Füßen, kann aber auch im Übermaß gefühlsträge machen und zu Engstirnigkeit verleiten. »Man muss ...« wird dann zur Maxime erhoben.

3. Der Mensch und das Entwicklungsprinzip Erde

Menschen mit ausgeprägtem Erdelement brauchen vor allem Sicherheit auf allen Ebenen des menschlichen Daseins. Sie zeichnen sich aus durch Hilfsbereitschaft, die bis hin zur Selbstaufgabe gehen kann. Zuverlässigkeit und Ehrlichkeit sind ihre Stärken und klare Vorgaben zur Erfüllung von Aufgaben bringen ihnen Kraft. Familiärer Zusammenhalt ist eine tragende Qualität im Leben solcher Menschen.

Wenn Nachdenklichkeit, Depression, Fanatismus und ein übertriebener Machtanspruch und gedankliche Fixierung in der Zukunft in den Vordergrund treten, empfiehlt es sich, das Erdelement abzuleiten. Bei mangelndem Selbstbewusstsein und Grübeln über die Vergangenheit sollte das Erdelement gestärkt werden.

4. Form	5. Material	6. Himmelsrichtung	7. Wohnbereiche
 flach, rechteckig, liegend, quadratisch, niedrig, langgezogen	weicher Stein Keramik, Ton, Lehm Mineralien, Sand	Südwesten Nordosten Zentrum	Vorratskammer, Schlaf- und Arbeitszimmer, Esszimmer, Ruheraum

METALLELEMENT

1. Das Element und seine Farbe

Das Element Metall leitet mit seiner zentrierenden, mitteorientierten Energiebewegung die Reihe der Yin-polaren Elemente ein. Weiß in allen Nuancierungen, lichtes Grau und alle metallischen Farben wie Gold, Silber oder Kupfer gehören dieser Elementegruppe an. Ihre bündelnde Kraft verleiht dem Metallelement eine innere Härte und Dichte, die man gerade bei Weißtönen oft unterschätzt, da Weiß für die Farbe gehalten wird, mit der man »am wenigsten falsch machen kann«, denn »zu Weiß passt alles«. Weiß zieht Energie an und reflektiert sie direkt kompromisslos in den Raum zurück. Diese Yangbestimmte Fähigkeit baut bei der an sich Yin-ausgerichteten Farbe ein Spannungsfeld auf, das sich auf das Wohn- und Arbeitsfeld des Menschen überträgt. So kommt es, dass man in weiß gestrichenen Räumen nie wirklich entspannen kann. Jedes Möbelstück erhält vor weißen Wänden einen Yanggeprägten Solitärcharakter. Ein solches Zimmer kann niemals wie ein großes Orchester harmonisch wirken, da hier lauter Solisten am Werk sind. Farbige Wände oder auch weiße Pigmentfarben können hier ein weiches Stimmungsbild erzeugen. Denn die Lichtstrahlen auf weißen Pigmentoberflächen werden »gleichsam wie frisch gefallener Schnee, satt aufgesogen« (Tanizaki Jun'Ichiro).

Nur das lichte Grau hat die für das Metallelement typische Schwingung, denn Mittel- oder Dunkelgrau gehören zum Wasserelement. Warme, mit Erdtönen versetzte Grautöne sind in ihrer energetischen Farbkraft zwar vermindert, dafür haben graubraune Farbflächen eine erdige, weiche und gleichsam zurückhaltende Körperhaftigkeit, die auf die Psyche des Betrachters stabilisierend wirkt.

 Goldoberflächen erhöhen das Energiepotenzial eines Raums, da von ihnen farbiges Licht reflektiert wird. Im Zusammenspiel mit blau- oder schwarztonigen Maluntergründen erhalten solche Oberflächen eine geheimnisvolle Spannung; Gold und Rot erzeugen einen Ausdruck edler Üppigkeit, während Gold und Grün ein disharmonisches Spannungsfeld aufbauen.

Das Wechselspiel von Gold und Grau sowie Gold und Braun wird zu einem Yin-Yang-Dialog zwischen Unreinem und Reinem, Billigem und Teurem, Alltäglichem und Edlem. Silberne Farbflächen treten mit gelben Farbflächen in einen Yin-Yang-Dialog über Kühle und Wärme, Zurückhaltung und Effekthascherei.

2. Die emotionale und gesundheitsfördernde Kraft von Weiß, Gold, Silber und lichtem Grau

 Die Vorstellungen von Weiß verbinden sich neben Distanziertheit und Indifferenz, Unschuld und Tod, mit Licht und Helligkeit, Wolken und Strand, Reinheit, klinisch sauber und steril. Weiß baut ebenso wie Silber und lichtes Grau seinem Schwingungsmuster entsprechend Kühle und Distanz auf. Perfektionismus und Selbstbeherrschung werden durch eine Weißdominanz genährt. Andererseits geben weiße Farbflächen dem Geist Raum zum Nachdenken. Ein weißes Wandbild vor einem zartgelben Hinter-

grund hat einen wunderbar befreienden, den Geist beruhigenden Effekt – eine Alternative zur weiß gestrichenen Wand.

 Gold verbindet sich mit Glück und Einzigartigkeit, Schmuck und Luxus, Eitelkeit und Unzerstörbarkeit und der Kraft der Sonne. Und nicht selten setzt gerade der lichte Glanz dieses Edelmetalls »Highlights« in den Wohnräumen. Häufig verlangt auch ein Raum, dessen Atmosphäre von einem Element beherrscht wird, nach einem Kontrapunkt, für den sich goldene Gegenstände anbieten. Gold, Silber und das lichte, silbrig schimmernde Grau stärken das Selbstbewusstsein. Gold verleiht Lebenskraft, hilft Angstzustände abzubauen und fördert die Konzentrationsbereitschaft.

Silber steht für das weibliche Prinzip und die Intuition. Kühle, Reinheit und Klarheit, Sterne und Geld, das blass schimmernde Licht des Mondes und der Silberstreif der Hoffnung: All das sind Assoziationen, die durch Silber wachgerufen werden können.

3. Der Mensch und das Entwicklungsprinzip Metall

Menschen mit ausgeprägtem Metallelement wird messerscharfer Verstand und hohes analytisches Vermögen nachgesagt. Sie brauchen viel Raum zur Entfaltung und stehen daher meist einer Gruppe vor, die sie zur Durchsetzung einer Sache um sich versammeln. Rechtschaffenheit und Großzügigkeit begleiten ihr Handeln. Ist ein Überschuss an Metallenergie vorhanden, so kommt es häufig zu Sturheit, Rechthaberei und übertriebenem Egoismus.

In diesem Fall sollte das Metallelement abgeleitet werden. Zukunftsängste und anhaltende Traurigkeit können abgebaut werden, wenn das Metallelement gestärkt wird.

4. Form	5. Material	6. Himmelsrichtung	7. Wohnbereiche
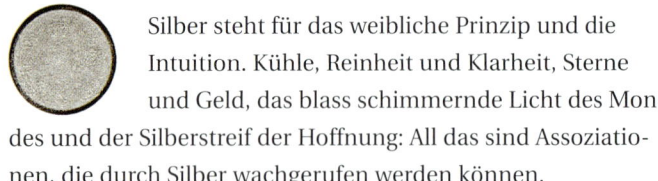 rund, gewölbt, oval	alle Metallsorten, Granit, Marmor	Nordwesten Westen	Ruhebereich im Wohnzimmer, Besprechungs- und Beratungszimmer, Aufenthaltsraum, Arbeits- und Musikzimmer

WASSERELEMENT

1. Das Element und seine Farbe

 Mit seiner nach unten ausgerichteten Schwingungsbewegung ist das Wasserelement das zweite Yin-polare Element. Blau in allen Farbschattierungen, Schwarz und Grau ebenso wie ein blautoniges Grün gehören diesem Element an. Blau wird Kühle und Distanziertheit nachgesagt. Das trifft in hohem Maß auf synthetische Farbmischungen zu. Pigmentfarben hingegen haben durch ihre mineralischen, erdverbundenen Bestandteile eine starke Körperhaftigkeit und Wärme. Die hellen und mittleren Blautöne weiten Räume und verleihen ihnen eine gewisse Leichtigkeit und Bewegtheit, da sie Assoziationen mit dem Himmel zulassen. Dunkelblaue Farbflächen verstärken den Yin-Charakter der Farbe und sprechen auf die Emotionen des Betrachters und die Sphären des Geheimnisvollen an.

 Erdgetragene Grautöne verlieren ihre Metallschwingung und können als Farbfelder mit ihrer weichen Tonung angenehme Orte sein, an denen das Auge sich von den Reizfluten der räumlichen Umgebung erholen kann. Dabei bewirkt die aufnehmende Kraft des Erdelements eine Reduzierung des Wasserelements, »fängt das Auge« weich auf und lässt es (aus-)ruhen.

 Violett ist die Farbe mit der größten Spannung, da sie das männliche Rot und das weibliche Blau gleichermaßen in sich vereint. Violett ist großflächig nur schwer auszuhalten und eignet sich daher besser als Bildfläche.

Schwarz, das alles Licht absorbiert, hat den stärksten Yin-Anteil. Schwarz zieht herunter und lässt sich am besten mit anderen Farben zusammen verarbeiten, da die Yin-Schwingung dadurch gemildert wird. Das Farbspiel zwischen Schwarz und Rosa thematisiert das Spannungsfeld zwischen Stark und Schwach, Hart und Weich, Groß und Klein, Männlich und Weiblich.

2. Die assoziative und gesundheitsfördernde Kraft von Blau, Grau, Violett und Schwarz

Harmonie und Sympathie, Himmel, Gewässer und Weitung, Immaterielles und Geheimnisvolles, Balsam für die Seele, Nacht und auch Tod verbinden sich mit den unterschiedlichsten Blau-Nuancen. Je heller, umso leichter, je dunkler, umso unwirklicher und geheimnisvoller wirkt die Farbe. Blau kann Sinne und Seele beruhigen, aber auch jede Erdung nehmen, weshalb Blau nicht auf dem Boden in Schreibtischnähe verwendet werden sollte.

Blau spricht das Gefühl an und bringt blockierte Emotionen zum Fließen. Blau ist das Element der Kommunikation und fördert den Austausch von Gedanken. Die heilende Wirkung dunkelblauer Farbtöne unterstützt den Tiefschlaf und beruhigt das Nervensystem.

Das Farbspiel von blauen und roten Farbfeldern wird zu einem spannenden Yin-Yang-Dialog von Passiv und Aktiv; Kalt und Heiß; Leise und Laut; Weiblich und Männlich; Körperlich und Geistig.

Das Farbspiel von Blau und Braun wird zu einem Dialog zwischen Geistig und Irdisch; Edel und Unedel; Ideal und Real.

Grau ist die Farbe der Indifferenz und der Langeweile, des Nebligen und Undurchschaubaren; des Altmodischen und der Tristesse. Aber auch Unabhängigkeit und Selbstbeherrschung werden mit ihr verknüpft.

Violett ist die Farbe der Gewalt und Macht aber auch der Religion und des Ewigen.

Indigo regt Fantasie und Intuition an, Violett und Purpur wirken stark ausgleichend auf die Seele und unterstützen den Abbau von Angstzuständen. Allerdings sollten Indigo, Violett und Purpur sparsam eingesetzt werden, um Realitätsverlust zu verhindern. Im Allgemeinen wird die dämpfende Wirkung von Violett eher negativ bewertet und als beunruhigend empfunden.

Schwarz verkörpert Nacht, Finsternis und Schatten, Abgrund, Tod und das Nichts, aber auch Eleganz und Macht. Als Wasserelement fördert Schwarz die Inspiration.

3. Der Mensch und das Entwicklungsprinzip Wasser

Innenschau und Zuhören-Können sind herausragende Eigenschaften der Menschen, die zum Wasserelement gehören. Mit unverwechselbarem Charme scheuen sie sich nicht, entschieden unkonventionelle Wege zu gehen. Menschen des Wasserelements zeichnen sich durch sanfte Diplomatie und Einfühlungsvermögen aus. Bei herrischem Auftreten oder Suchtverhalten sollte das Wasserelement abgeleitet werden. Bei einer pessimistischen, zögerlichen Grundhaltung sollte das Wasserelement gestärkt werden.

4. Form	5. Material	6. Himmelsrichtung	7. Wohnbereiche
formlos, amorph, vielgestaltig, gekrümmt, wellenförmig	Wasser, Glas, Spiegel	Norden	Bad, WC, Waschküche, Spülbereich, Meditationsraum, Arbeitsplatz, Musikzimmer

Die dynamischen Wechselwirkungen der fünf Elemente

Alle fünf Elemente stehen in einer dynamischen Wechselwirkung miteinander.

Mit der folgenden Übung können Sie Ihr Verständnis von der tieferen Bedeutung der Elemente und ihrer Wechselwirkungen vergrößern. Gleichzeitig können Sie selber – ein weiteres Mal – die inhaltlichen Aussagen der für das Feng Shui so grundlegenden Fünf-Elemente-Theorie auf ihre Stimmigkeit und universelle Anwendbarkeit hin überprüfen. Denn die Harmonie der fünf Elemente kann man visuell erlebbar machen. Daher verdeutlicht die folgende Übung die Wechselwirkung der energetischen Kräfte der fünf Elemente untereinander.

DIE ÜBUNG

Ausgangssituation

Die im folgenden Bild nachgezeichnete Fassade eines modernen, holländischen Wohnhauses im kubischen Stil zeigt in Wirklichkeit Balkone, deren Außenwände aus farbigem Glas gestaltet sind.

Aufgabe

Malen Sie die Außenwände der abgebildeten Balkone bunt an. Verwenden Sie dabei mindestens drei Farben. Gestalten Sie ganz nach Ihrem Belieben.

Legen Sie Ihre Arbeit einen Augenblick zur Seite und lesen Sie bitte die weiterführenden Erläuterungen. Die Bedeutung Ihrer Arbeit wird auf den nächsten Seiten besprochen.

Und nun zurück zu der Harmonielehre des Feng Shui und ihren Zyklen der fünf Elemente.

Hier unterscheidet man verschiedene Zyklen, so genannte Wandlungsphasen, wovon in diesem Buch zwei beschrieben werden, die dem Leser als wirkungsvolle, aussagekräftige Arbeitsgrundlage dienen.

Treffen die Elemente aufeinander, so entsteht eine Interaktion, die gegenseitig unterstützend, zerstörend oder schwächend sein kann. Es ist daher wichtig zu erkennen, in welcher Beziehung sie zueinander stehen.

Der nährende und unterstützende Schöpfungszyklus

Ein Element bringt das nächste hervor und nährt dessen Kraft. Dabei verzehrt es sich. Die nachfolgenden Bilder sollen Ihr Verständnis für die Abläufe fördern.

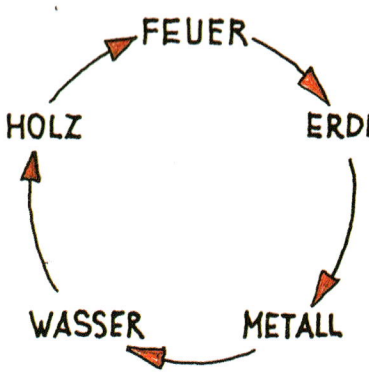

Holz erzeugt Feuer, denn Holz lässt das Feuer auflodern und verbrennt gleichzeitig.
Feuer erzeugt Erde, denn das lodernde Feuer lässt beim Verglühen Asche/Erde zurück.
Erde bringt Metall hervor, denn der Erdboden birgt zahlreiche Metallvorkommen. Schürft man sie, so wird Erde abgebaut.
Metall kann zu »Wasser« verflüssigt werden. Dabei verliert es seine ursprüngliche Form.
Wasser nährt Holz, denn Wasser lässt die Pflanzen gedeihen, wird dabei aber absorbiert.

»Ich hörte zwar von kalten und warmen Farben, von Farben, die einander heben und was dergleichen mehr, aber alles drehte sich in einem wunderlichen Kreis« (Goethe).

Der kontrollierende und schwächende Zerstörungszyklus

Wie die zwei Seiten einer Medaille, so gibt es neben dem unterstützenden einen kontrollierenden Elementezyklus. Dabei wird immer ein über das andere Element durch Kontrolle geschwächt oder zerstört:

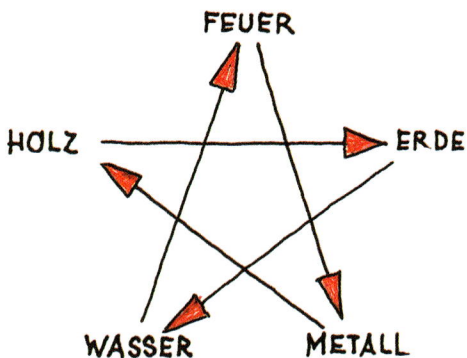

Holz kontrolliert Erde, indem es die Erde mit seinen Wurzeln verdrängt.
Erde kontrolliert Wasser, indem die Erde das Wasser aufsaugt.
Wasser löscht das Feuer.
Feuer bringt das Metall zum Schmelzen.
Metall zerstört das Holz, so wie eine scharfe Klinge den Baumstamm zersägen kann.

Was zeichnet also die Seele einer Farbgestaltung aus, die nach dem Harmoniezyklus der fünf Elemente ausgerichtet ist?

Um diese Frage beantworten zu können, gehen Sie wie folgt vor.

DIE ÜBUNG

Malen Sie die Balkone des holländischen Hauses nochmals bunt aus.

Diesmal nach dem Schöpfungszyklus der fünf Elemente. Wählen Sie die Farbfolge selber aus, versuchen Sie jedoch die Elemente harmonisch einander zuzuordnen.
Setzen Sie mindestens drei Farben ein, besser noch alle fünf, entsprechend den Farbzuordnungen der fünf Elemente. Bleiben Sie in der selben Farbintensität wie bei Ihrer ersten Balkongestaltung.

Die Achtsamkeit

Hängen Sie nun Ihre beiden Arbeiten nebeneinander auf und betrachten Sie zuerst aufmerksam das erste Bild, während Sie Ihre Wahrnehmung auf die folgenden Punkte richten:

Wie wirkt das Bild insgesamt auf mich, beruhigend und harmonisch oder unruhig und aufreibend?

Kann ich das Bild längere Zeit entspannt betrachten oder macht es mich in seiner Farbigkeit unruhig?

In welcher Form schweift mein Blick über das Bild: Bleibt er an einigen Stellen hängen oder springt unruhig hin und her oder gleitet mein Blick sanft von Balkon zu Balkon, so, als wenn er an einem unsichtbaren Faden gezogen würde?

Betrachten Sie danach Ihr zweites Bild und stellen sich nochmals genau dieselben Fragen.
Zwei vergleichbare Seminararbeiten geben Ihnen zusätzlich die Möglichkeit, der Wirkung einer einfachen Farbgestaltung nach den Harmoniegesetzen der fünf Elemente nachzuspüren.

Bild 1: Balkonanstrich nach Belieben

Bild 2: Fünf-Elemente-Anstrich nach dem Schöpfungszyklus

Das Ergebnis

Beobachtungen der Seminarteilnehmer:

Bild 1

Das bunte Arrangement des ersten Bildes strengt mich beim Betrachten sehr an. Es ist mir zu viel. Mein Blick stößt immer wieder auf farbige Balkone, die sich ihm wie Hindernisse in den Weg stellen. Ich fühle mich von den Farben hin und her gezerrt.

Bild 2

Seltsam, aber die vielen Farben wirken nicht bunt und aufdringlich. Alles scheint wie in einem Orchester zusammenzuklingen. Mein Blick kann ungehindert über das Bild streifen, es scheint keine Hindernisse zu geben. Das Bild wirkt harmonisch und in sich stimmig.

Der Grund, die Farbgestaltung nach den fünf Elementen als harmonisch und bei aller Buntheit als in sich geschlossen anzusehen, liegt in dem stimmigen energetischen Zusammenspiel der einzelnen Elemente und ihrer dazugehörigen Farben. So bleibt der Blick des Betrachters bei Bild 1 an dem Arrangement Blau neben Rot hängen, weil das Spannungsfeld zwischen Rot und Blau durch die entgegengesetzten Energieschwingungen – bei Rot nach oben und bei Blau nach unten – sehr groß ist und daher konfliktgeladen. Die beiden Farben gehören mit ihrer Elementezugehörigkeit Feuer und Wasser zum zerstörenden Kontrollzyklus. Die Atmosphäre zwischen diesen beiden Elementen ist wie die innerhalb eines Streits zwischen zwei Kontrahenten. So ist nachvollziehbar, dass allein eine energetisch aufeinander abgestimmte Farbgestaltung von Fassaden zu einer Beruhigung der Bewohner untereinander beitragen kann. Ebenso kann man durch eine energetisch disharmonische Farbgestaltung Konflikte schüren.

Beruhigung von Spannungsfeldern

Spannungsfelder kann man ausgleichen, indem man einen Vermittler zwischenschaltet, letztlich das fehlende Glied in einer Kette. Dieser Ausgleich macht aus einem Streitgespräch einen Dialog. Sind beim Streitgespräch die Fronten verhärtet und der Energiefluss blockiert, so wird der Energiefluss durch einen Vermittler wieder in Bewegung gebracht. Das bedeutet:

ELEMENT 1 steht im Komflikt mit	ELEMENT 2	ELEMENT 3 gleicht aus
Wasser	Feuer	Holz
Holz	Erde	Feuer
Feuer	Metall	Erde
Erde	Wasser	Metall
Metall	Holz	Wasser

Diese Motive zeigen das Zusammenspiel der Elemente:

Elementkonflikt Feuer – Metall
Die Blumen wirken dominant und treten solitär stark in den Mittelpunkt der Betrachtung.

Elementharmonie Feuer – Erde
Der zartgelbe Untergrund greift die Schwingungsenergien des Feuerelements auf – die Blumen wirken gemeinschaftlich, ohne dass sie sich dem Betrachter aufdrängen.

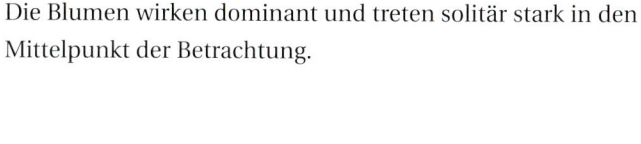
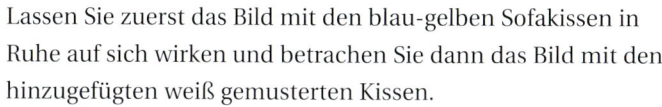

Lassen Sie zuerst das Bild mit den blau-gelben Sofakissen in Ruhe auf sich wirken und betrachen Sie dann das Bild mit den hinzugefügten weiß gemusterten Kissen.

Elementkonflikt Erde – Wasser
Die Sofakissen wirken »aufgesetzt«. Sie bilden keine Einheit mit dem Sofa.

Elementharmonie Erde – Metall – Wasser
Ein Dialog entsteht. Die Kissen bilden mit dem Sofa eine Einheit und die Energien sind in Bewegung.

Oftmals gleichen selbst kleinere Objekte eines vermittelnden Elements größere dissonante Flächen aus. Ausschlaggebend für die Gestaltung der Farbfelder ist in erster Linie nicht der Geschmack, sondern das stimmige energetische Zusammenspiel der Farben und Formen. Denn Feng Shui ist die Kunst, durch den ausgleichenden Einsatz der fünf Elemente energetische Unausgewogenheiten aufzuheben und kraftvolle energetische Impulse zu verstärken. In jeder Geschmacks- und Stilrichtung lassen sich solche Harmonien herstellen.

der detaillierte Farbzyklus der Elemente

Farben, Formen und Materialien im Zusammenspiel

Die energetische Kraft einer harmonischen Farbgestaltung kann man zudem erhöhen, indem man die Farben in eine energetisch passende Form kleidet. Auch Picasso war sicher, *»die Farbe kommt nur in ihre ganze Kraft, wenn sie in ihrer energetisch äquivalenten Form ist«*.

Das gilt für farbige Wandflächen ebenso wie für die Verlegerichtung von Fliesen oder Holzpaneelen. Je größer die Übereinstimmungen bis hin zu den Himmelsrichtungen sind, umso größer ist die vitale, aufbauende Kraft.

FARBEN	FORM UND FARBE	KRAFT	BEGRÜNDUNG
Weiß	▭	++	Erdform nährt Metallfarbe
Weiß mit Gold	▭	++	Erdform nährt Metallfarben
Weiß mit Gold	▯	– –	Holzform bekämpft Metallfarben
Grün	▯	+	Holzform unterstützt Holzfarbe
Grün mit Blau	▯	++	Wasser nährt Holz
Rot	▯	++	Holzform nährt Feuerfarbe
Orange	～	– –	Wasserform zerstört Feuerfarbe
Rot	▭	–	Erdform schwächt Feuerfarbe sanft
Gelb	◻	+	Erdform unterstützt Erdfarbe
Blau	～	+	Wasserform unterstützt Wasserfarbe
Grün	●	– –	Metallform bekämpft Holzfarbe
Blau	◗	++	Metallform nährt Wasserfarbe
Orange	▲	+	Feuerform unterstützt Feuerfarbe

+ = harmonisch und kraftvoll / – = schwach

Die ruhige Kraft der Erdelementeformen harmoniert mit den Erdelementefarben. Die Holzform unterstützt die Feuerfarbe.

Die spitzen Feuerelementeformen bringen die Farben des Erd- und Feuerelements zur Geltung.

Die Farben des Wasserelements bringen Nachtblau und Gold in die Kraft.

Eine angenehm warme Tonung wird durch das Zusammenspiel der Erdelementefarben Gelb und Braun erzielt.

Eine Elementeharmonie aus Wasser und Metall: Geschwungene Ornamentik und Glas passen perfekt zum Material.

Die Energien des Metall- und Wasserelements harmonieren. Das Pflanzenbild passt sich durch das blaustichige Grün an.

Farbbeispiele in Räumen

Die farblichen Gestaltungsmöglichkeiten im Rahmen der fünf Elemente sind vielfältig. Wenn Sie dann auch noch die Formen und Materialien passend hinzufügen, dann haben Sie einen wichtigen Schritt für eine energetisch kraftvolle Lebensraumgestaltung getan. Beginnen Sie im Kleinen, dann wird der Erfolg Sie weitertragen. Die Monotonie einfarbiger Farbflächen ist bei den Farbbeispielen bewusst von belebenden Farbrhythmen und dialogisierenden Formen abgelöst worden. Eine zurückhaltende Farbgebung gibt der Konzentrationsfähigkeit Raum. Kräftige Farben beleben den Lebensraum und sorgen für eine heitere Atmosphäre.

In allen Zuordnungen und Auflistungen steckt die Gefahr der Vereinfachung und des Schubladendenkens. Die Beschreibungen geben einen ersten Überblick und können durch das Hinzuziehen entsprechender Literatur vertieft werden (s. Anhang).

Elemente: Erde – Feuer

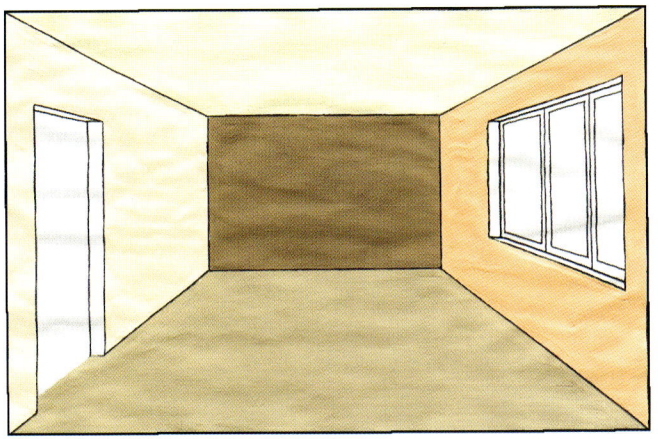

Die braune Wand stabilisiert den Rücken, dunkleres Apricot grenzt nach außen ab und helles Apricot öffnet zu den innen liegenden Zimmern.

Elemente: Erde – Feuer

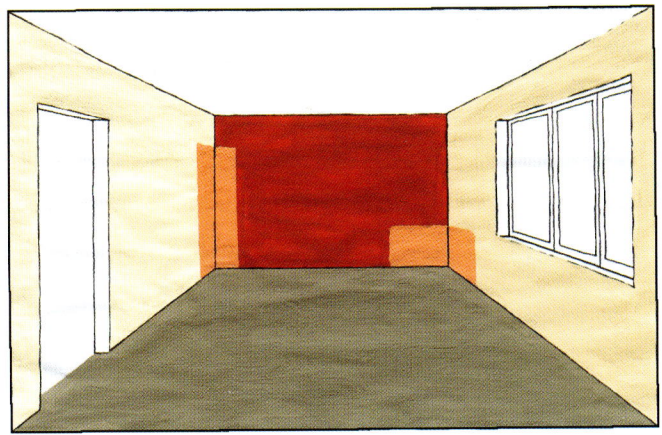

Die Elemente der Formen Holz und Erde werden über die rote Wandfarbe in Harmonie gebracht. Dadurch entsteht ein Dialog der Formen, ohne den Zimmerbereich aus seiner Balance zu bringen.

Elemente: Feuer – Erde

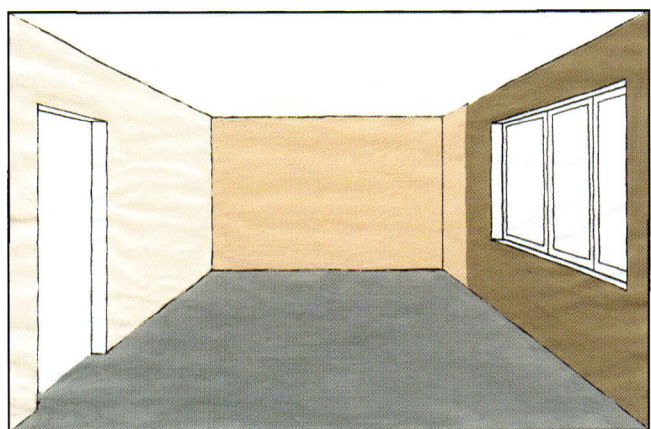

Trotz der erdenden Schwere des Teppichbodens befinden sich die Farben in einem ausgewogenen Yin-Yang-Verhältnis (hell-dunkel). Die über Eck gestrichene Farbe gibt dem Raum eine gewisse Bewegung.

Elemente: Wasser – Holz

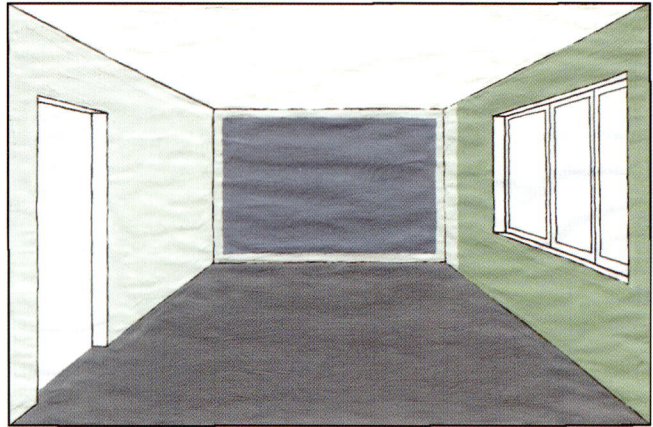

Der schwere Boden gibt viel von seiner Kraft an das Holz-element der Wände ab. Die blaue Wandfläche wird in ihrer energetischen Tiefenwirkung durch die sanfte, grüne Rah-mung unterstützt.

Elemente: Erde – Metall

Der sonnige Raum erfährt durch die Deckengestaltung eine wohltuende Öffnung. Die weißen Fensterumrahmungen lei-ten das Gelb des Erdelements ab und öffnen den Raum. Die quadratischen Wandbilder festigen die Rückwand und veran-kern die große, weiße Fensterfläche von Metallelement zu Metallelement.

Elemente: Wasser – Holz

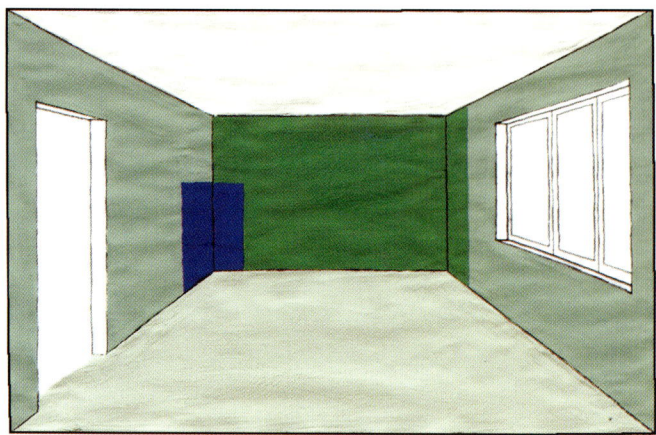

Ein herrlicher Raum, der den Bereich des Ostens durch seine Holzelemente vorzüglich unterstützt. Der Raum wirkt beruhi-gend. Stellen Sie sich darin die belebende Wirkung eines rot-farbigen Accessoires vor.

Atemholen

Die vielen nuancierten Eindrücke und subtilen Betrachtungsweisen energetischer Schwingungsmuster von Farben, Formen und Materialien haben Ihren Blick in eine für Sie ungewohnt neue Richtung gelenkt. Sie haben sich mit dem Inhalt der hinter Ihnen liegenden Seiten dieses Feng-Shui-Buchs eine Fülle von Wissen erarbeitet, das Ihnen einen ersten, wirkungsvollen Umgang mit den Kräften der fünf Elemente ermöglicht. Sie können also beginnen, schrittweise Ihre Lebensräume zum Lächeln zu bringen. Hierzu können Sie die im zweiten Teil des Buchs vorgestellten Projekte bei der Umsetzung Ihrer Ideen mit Anregungen unterstützen.

Wenn Sie darüber hinaus Interesse haben zu erfahren, welche Vorzüge in den unterschiedlichsten Farb- und Malmitteln liegen, so mag der folgende Text von Interesse für Sie sein. Die weiteren Ausführungen geben Ihnen ein vertiefendes Verständnis für die Zuordnung der einzelnen Elemente zu den Himmelsrichtungen und zeigen Ihnen auf, wie man die Elemente in der Gestaltung auf den einzelnen Menschen abstimmt. Sie weisen Ihnen einen leicht verständlichen Weg, Ihre Elementezugehörigkeit selber auszurechnen. Sie werden erfahren, welche Elemente für Sie geeignet sind und wo sich die energetisch kraftvollen Bereiche Ihres Hauses befinden. Auch wenn Ihnen der Umgang mit den Himmelsrichtungen nicht vertraut ist, das Buch leitet Sie Schritt für Schritt an.

Farbmittel

Die Kraft der Farben nutzen – Synthetische Farben und Pigmentfarben

Farben können weit mehr als eine Wand in ein buntes Kleid tauchen. Farben wollen nicht auf ihr schönes Äußeres reduziert werden. Betrachtet man sie unter diesem Blickwinkel, gelingt es nicht die Schönheit und »Seelentiefe« von Farben zu erfassen. Farben besitzen Lebendigkeit und eine tiefe Ausdrucksvielfalt. Farben verstecken sich nicht, sie geben sich mit all ihrer Kraft und weisen über sich hinaus – dann, wenn sie sich weiten können, wenn sie atmen und der Mensch mit ihnen in einen Dialog eintreten kann.

Warum sollten wir also nicht ihre ganze Kraft nutzen? Es gibt heute dank industrieller Fertigungen ein großes Angebot an synthetischen Farben von unterschiedlichster energetischer Kraft.

Die Palette der synthetischen Farben ist groß. Auf der Basis von ungefähr 16 Pigmenten stellen die großen Farbenhersteller ein unglaublich differenziertes Angebot an Farbtönen und Farbqualitäten zusammen.

Die Voraussetzungen für einen spielerischen Einsatz von Farben unterschiedlichster Preisklassen, beliebig reproduzierbar und in großen Mengen herstellbar, sind demnach gelegt. Jenseits dieser Vorzüge von synthetischen Farben können wir in den Farben verborgene Erlebniswelten suchen, die wir dann finden, wenn Farbe die Kraft hat sich auszudehnen – in die Tiefe und Weite, um so eine ungeahnte Körperhaftigkeit und sinnliche Raffinesse zu erzeugen. Goethe sprach hier von dem *»Bewusstseinsinhalt mit sinnlichen Qualitäten«*. Es gibt daher Pigmentfarben, deren Wirkungskraft um ein Vielfaches spannungsreicher, vitaler und nuancenreicher ist, da ihnen natürliche Pigmente beigemischt werden. Diese Naturerden erzeugen in den Farben eine Tiefenwirkung, da das Licht bei natürlichen Pigmenten weicher gebrochen wird als bei synthetischen Farben. Es entstehen farbige Klangkörper, die einem Orchester gleichen, das trotz der Individualität der Instrumente stimmig zusammenklingt.

Die Le Corbusier-Farben gleichen einem solchen Orchester. Trotz ihrer starken Ausdruckskraft dialogisieren diese Farben

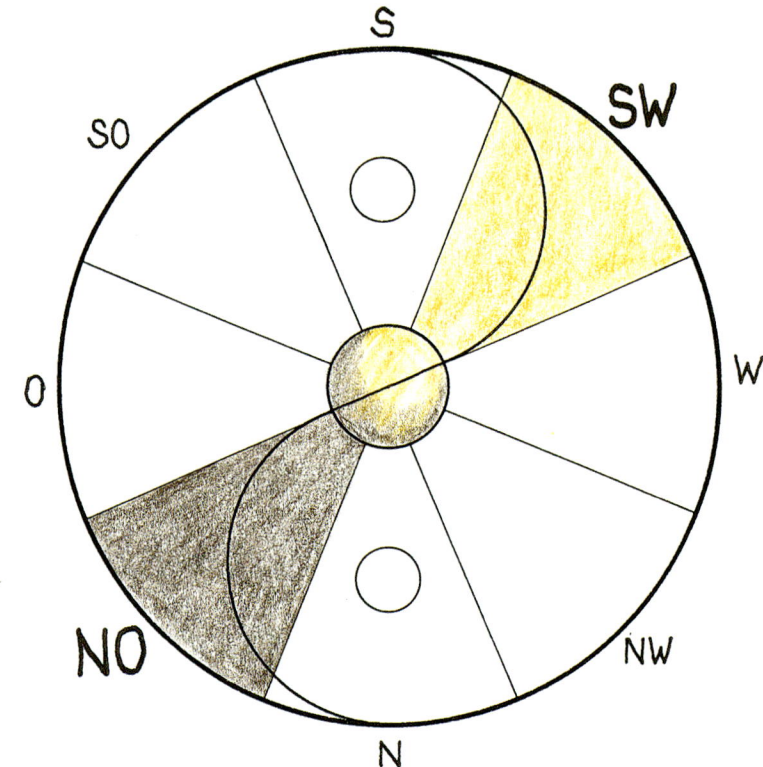

entspannt miteinander. Nach meinen Untersuchungen sind es die zahlreichen Naturerden, die als tragende, fundamentale Schwingungselemente die Yin- und Yang-Kräfte anderer Pigmente auffangen oder dynamisieren können.

Wenn Sie sich im Verlauf des Buchs die fünf Elemente und ihre Zuordnung zu den Himmelsrichtungen anschauen, so wird Ihnen auffallen, dass es eine Erdachse von Südwesten über das Zentrum zum Nordosten gibt. Das Erdelement des Nordostens ermöglicht das Entstehen der Yang-Kräfte. Das Erdelement des Südwestens puffert die Yang-Kräfte ab und ermöglicht den Anstieg der Yin-Kräfte.

So unterstreichen die harmonisierenden Vitalkräfte der oben erwähnten Pigmentfarben die Wirkungsweisen der fünf Elemente. Durch die Beimischung zahlreicher Naturerden entsteht – folgerichtig – trotz Polychromie immer ein stimmiges, ausdrucksstarkes und unaufdringliches Gesamtbild.
(Seite 114 ff.)

Malmittel

Wenn Sie das energetische Volumen der mit Naturerden versetzten Farben anschauen, so ist vorstellbar, dass diese Farben eine Bürste als Malmittel bevorzugen. Die Bürste mischt die einzelnen feinen Pigmentpartikel auf, versetzt sie in Schwingung und bringt sie nachhaltig zum Klingen. Der Effekt ist vergleichbar mit dem Fegen eines Hofs mit dem Reisigbesen. Die Reibungswiderstände erhöhen das Energieniveau des Ortes und ordnen die inneren Schwingungen neu, sodass eine in sich ruhende Geschlossenheit entsteht.

Wollen Sie diese ausgleichende Wirkung noch verstärken, so tragen Sie die Farben in Lemniskaten, den liegenden Achten, auf. Die derart verdichteten Wandflächen ∞ harmonisieren die beiden Gehirnhälften und wirken ausgleichend, gerade bei innerer Unruhe und Hyperaktivität. Eine Farbrolle nimmt den Pigmentfarben mit den beigemischten Naturerden ein Stück ihrer Kraft, da die Pigmente zu stark verdichtet werden. Je stärker die Verdichtung zum Beispiel auch durch einen Spachtel, umso geringer ist die energetische Kraft der Farbe.

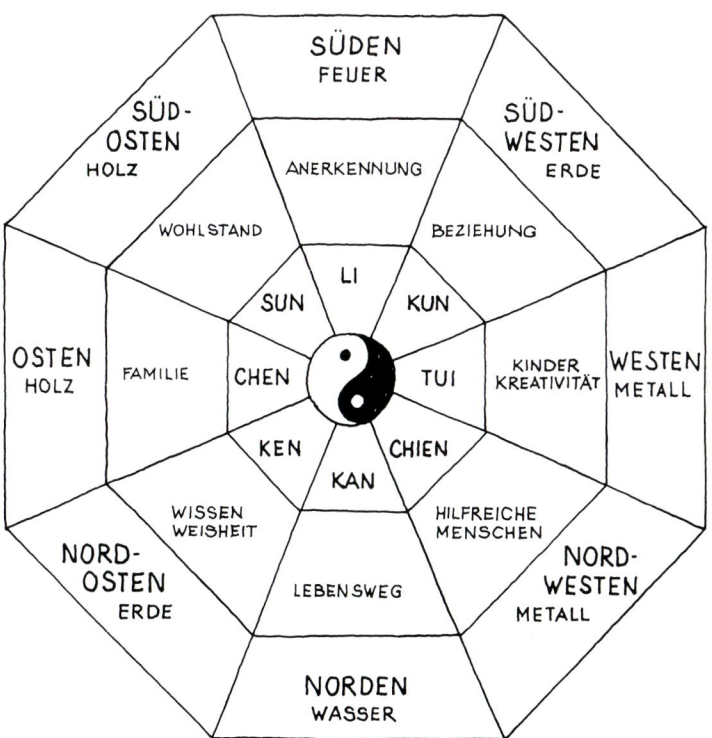

Das Ba'Gua

Die Elemente der acht Himmelsrichtungen und die Bedeutung der Energieverteilung für unsere Lebensräume

Das Ba'Gua stellt die Zuordnung der fünf Elemente zu den acht Himmelsrichtungen dar. Jede Himmelsrichtung besteht aus einem Kompasssektor von 45 Grad und man erhält ein Raster aus acht unterschiedlichen Richtungsenergien, das Ba'Gua oder die »acht Zeichen«. Die Zeichen nennt man Trigramme. Jedes Trigramm hat einen besonderen Namen, der bildhaft die verschiedenen Yin- und Yang-Qualitäten beschreibt, die je nach Himmelsrichtung vorhanden sind. Da alles, was existiert, aus Energie besteht, gibt es daher unendlich viele Erscheinungsformen, die man den acht Richtungsenergien zuordnen kann. Das Ba'Gua verdeutlicht, dass durch die Bedeutungsvielfalt der einzelnen Schwingungsenergien nicht nur Farben und Formen, sondern auch Lebensthemen den acht Himmelsrichtungen zugeordnet werden.

Setzen Sie also mit Hilfe von Farben, Formen und Materialien Feng-Shui-Prinzipien bei der Raumgestaltung um, so energetisieren Sie damit nicht nur bestimmte Räume und stärken dadurch Ihre eigene Vitalität, sondern tragen ebensoviel zu größerer innerer Zufriedenheit und Ausgeglichenheit bei.

Denn nach dem Verständnis der Chinesen schließt ein erfülltes Leben den »Wohl-Stand« aller Lebensbereiche ein:

• die Verwirklichung eigener Ideen (**Kan**),
• die Pflege von Beziehungen (**Kun**),
• das Kraftschöpfen aus seinen familiären Wurzeln heraus (**Chen**),
• ausreichende finanzielle Ressourcen (**Sun**),
• Unterstützer für andere sein und selber Hilfe annehmen können (**Chien**),
• Kreativität und Heiterkeit leben (**Tui**),
• sich um tiefere Einsichten in das Leben bemühen (**Ken**)
• und schließlich Anerkennung erlangen (**Li**).

Das feine energetische Raster der acht Trigramme wird über einem Hausplan ausgebreitet. Es passt sich dem Grundriss an und lässt erstaunliche Übereinstimmungen zwischen der Dynamik eines Hauses und der Lebenssituation seiner Bewohner zu. Alle Bereiche folgen einer inneren Ordnung und zentrieren sich in der Mitte, dem Tai' ji. Die größte Kraft liegt hier wie in allen Dingen in der Ganzheit, da sie die kraftvollsten Impulse aussendet. Denken Sie nur an die Mühe, die das Gehen bereitet, wenn Sie sich den Fuß verstaucht haben. Oder an einen Puppenwagen, dem ein Rad fehlt. Eine Störung der Ganzheit bedeutet immer einen Kraftverlust – für das Haus wie auch für seine Bewohner.
Und dennoch – sind es nicht gerade die Dinge, die wir nicht haben, die uns den Ansporn zum Umdenken geben, die uns nach Wegen suchen lassen, unsere Sehnsüchte und Wünsche zu verwirklichen? Das, was nicht vorhanden ist, gibt uns die größten Chancen zu wachsen. Daher besteht kein Grund, mit Fehlbereichen zu hadern. Farben sind ein faszinierendes Gestaltungsmittel, die eigenen vier Wände energetisch auszugleichen und zu aktivieren.

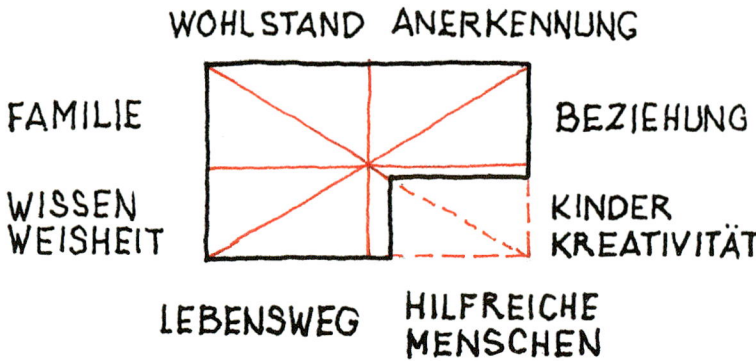

Häuser mit unregelmäßigem Grundriss besitzen eine insgesamt unruhige energetische Schwingung. Diese Disbalance findet ihre Spiegelung in dem Lebensthema, das von der energetischen Verkürzung betroffen ist.

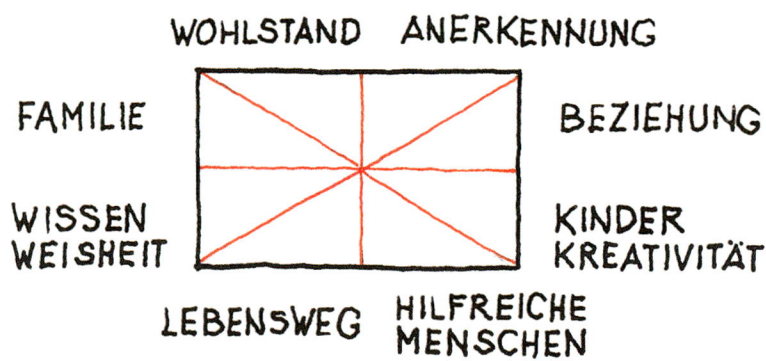

Häuser mit regelmäßigem Grundriss haben dagegen eine harmonisierende, energetisch starke Gesamtschwingung – vorausgesetzt, es befinden sich keine Toilette oder Küche im Zentrum.

Fehlstellen und Erweiterungen

Haus, Raum und Mensch werden als Ganzheit angesehen. Da alles ein Abbild von allem ist, spiegeln sich Schwachstellen eines Hauses und Schwierigkeiten im Leben eines Menschen nahezu deckungsgleich – nicht selten allerdings erst bei vertiefender Betrachtung. Daher sollten die Aussagen des Ba'Guas gerade für ungeübte und psychologisch nicht geschulte Laien mit größter Vorsicht aus»gewertet« werden. Die Vielschichtigkeit des Lebens erschließt sich selten auf den ersten Blick. Dennoch lassen sich einfache, grundlegende Aussagen zur inneren Struktur des Ba'Guas machen, die erste Rückschlüsse auf das Wohlergehen der Bewohner zulassen. Das Hinschauen fördert Bewusstheit. Die dadurch wachsende Realitätsnähe und die gewonnenen Einsichten geben vermehrte Sicherheit über den notwendigen Handlungsbedarf.

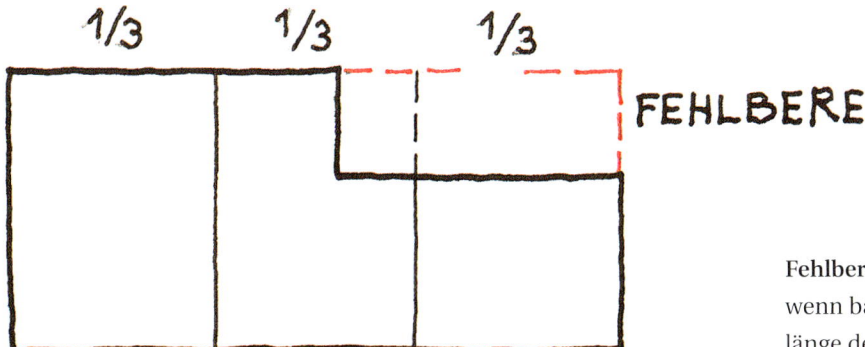

Fehlbereiche im Ba'Gua entstehen,
wenn bauliche Aussparungen ein Drittel oder mehr der Seitenlänge der Außenwand betragen. Fehlbereiche sind ungünstig.

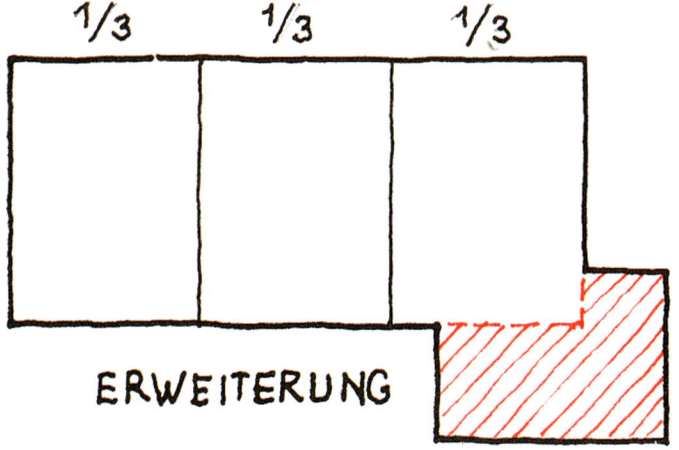

Erweiterungen im Ba'Gua entstehen,
wenn bauliche Erweiterungen 30 Prozent oder weniger der Seitenlänge der Außenwand betragen – was sich meist günstig auswirkt. Lediglich im Nordosten ist eine Erweiterung unerwünscht, da das Erdelement ein Haus und seine Bewohner zu stark dominiert und Trübsinn die Folge sein kann.

Der Grundriss und das Ba'Gua

Es gibt zwei Sichtweisen, unter denen man das Ba'Gua betrachten kann. Die eine folgt den Himmelsrichtungen und wird als die klassische Methode angesehen. Die andere geht von der Positionierung der Türen aus. Ich verwende die klassische Methode, so wie jene Feng-Shui-Berater, deren Projekte ich im zweiten Teil des Buchs vorstelle. Die Kräfte der Natur sind gewaltig, sodass ich die Gewichtung innerhalb des Themenschwerpunktes dieses Buchs auf die Himmelsrichtungen lege. Im Rahmen psychoenergetischer Betrachtungen kann jedoch auch das Türen Ba'Gua wichtige Hinweise liefern.

Jedes Stockwerk erhält ein eigenes Ba'Gua. Das Zentrum muss dabei jedesmal neu bestimmt werden. Garagen, die im Haus liegen werden berücksichtigt; Garagen, die angebaut sind, werden nicht in das Ba'Gua integriert.

Um ein Ba'Gua exakt mit Ihrem Hausplan abzustimmen, führen Sie folgende Arbeitsschritte durch:

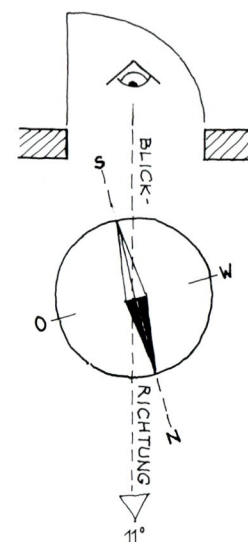

2. Kompassausrichtung der Tür ermitteln

Stellen Sie sich in die Eingangstür mit dem Blick nach draußen. Achten Sie darauf, dass keine den Kompass beeinflussenden Metallteile in unmittelbarer Nähe sind. Messen Sie die Gradzahl Ihrer Blickrichtung: Hier 11 Grad.

1. Mittelpunkt ermitteln

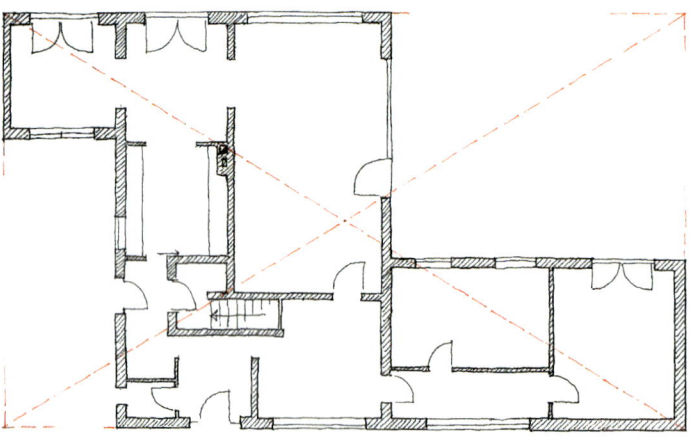

Ziehen Sie bei gleichmäßigem Grundriss von Ecke zu Ecke die Diagonalen. Einen unregelmäßigen Grundriss ergänzen Sie zu einem Quadrat oder Rechteck und ermitteln dann mit Hilfe der Diagonalen den Mittelpunkt.

3. Gradeinteilungen vornehmen

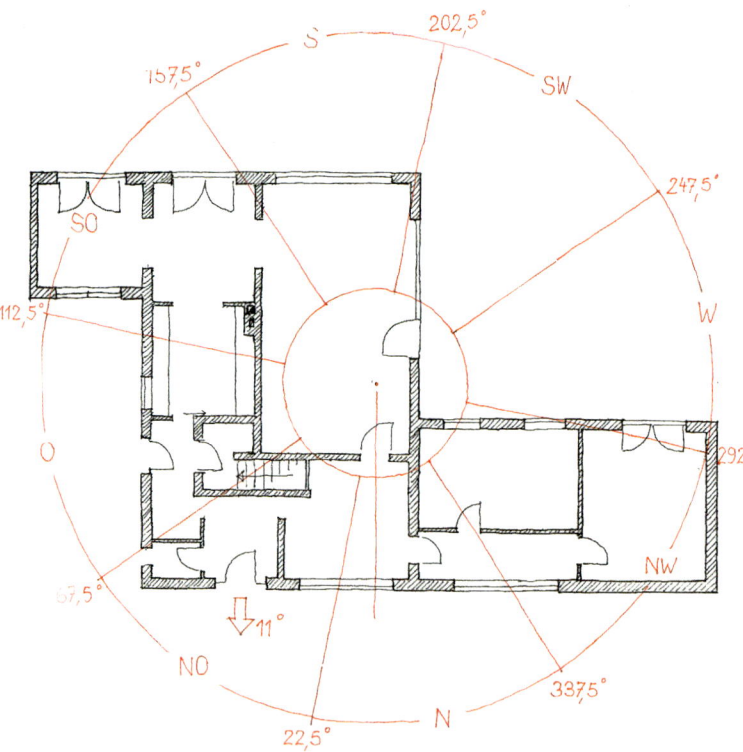

Fällen Sie vom Mittelpunkt des Hauses die Senkrechte auf die Eingangswand Ihres Hauses, in der sich die Haustür befindet. Legen Sie einen Vollkreiswinkelmesser so an, dass die von Ihnen ermittelte Gradzahl Ihrer Blickrichtung mit der des Winkelmessers auf der Senkrechten übereinstimmt.

Markieren Sie die Sektoren der einzelnen Himmelsrichtungen wie rechts ersichtlich und verbinden Sie die Markierungen mit dem Mittelpunkt. Das Zentrum nimmt etwa ein Zwölftel der Gesamtfläche ein.

Norden	337.5° – 22.5°
Nordosten	22.5° – 67.5°
Osten	67.5° – 112.5°
Südosten	112.5° – 157.5°
Süden	157.5° – 202.5°
Südwesten	202.5° – 247.5°
Westen	247.5° – 292.5°
Nordwesten	292.5° – 337.5°

Planbeispiel

Plan: Fehlbereiche SW, W

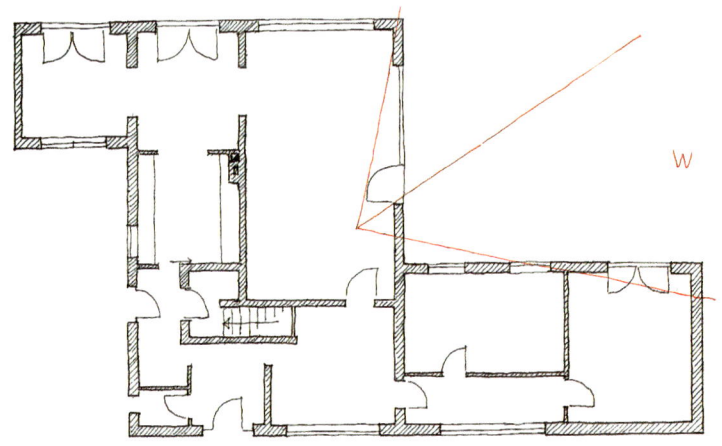

Plan: Erweiterung SO

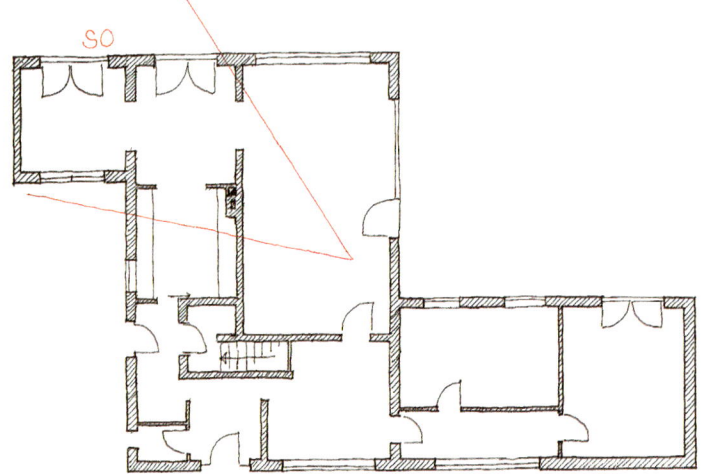

Planbeispiel: Fehlbereich im Südwesten und Westen: Schwächung des Beziehungs- und Kinderbereichs. Wegen der breiten Fensterfront ist hier mit Farbe kein energetischer Ausgleich zu schaffen. Maßnahmen wären im Außenbereich möglich.

Planbeispiel: Erweiterung im Südosten: Aktivierung des Wohlstandsbereichs. Farben des Wasser- und Holzelements unterstützen und aktivieren diesen Bereich zusätzlich.

Das Ausgleichen von Fehlbereichen und Aktivierung des Ba'Guas

Das Ausgleichen des Ba'Guas kann durch den farblichen Einsatz der fünf Elemente erfolgen. Dabei ist das Raumelement der Himmelsrichtung ein erster Wegweiser. Durch den Aus-

gleich erhalten alle Ba'Gua-Bereiche ein annähernd ausgewogenes Energieniveau, was zu einer für den Menschen entspannten Grundstimmung beiträgt. Durch den zusätzlichen Einsatz von Elementefarben – sie sind im Schöpfungszyklus unterstützend vorgeschaltet – können Ba'Gua-Bereiche aktiviert werden.

1. Beispiel: *Osten*
Der auszugleichende Bereich liegt im Osten, der zum Element Holz gehört. Gelb- und Blaugrün gleichen hier energetisch aus. Allerdings mildert der Gelbanteil leicht die kraftvolle Wirkung des Grüntons.

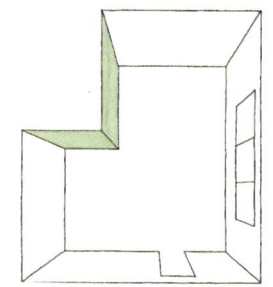

4. Beispiel: *Norden*
Ein ultramarinblauer Wandanstrich im Norden führt zum energetischen Ausgleich des Fehlbereichs. Ein silbrig-weißes Wandbild passt sich im Format des Erdelements energetisch stimmig in die Farbgestaltung ein. Elementeharmonie: Erde – Metall – Wasser

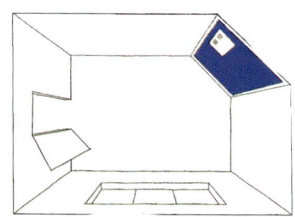

2. Beispiel: *Osten*
Der Fehlbereich wird mit Blaugrün ausgeglichen. Gleichzeitig wird der Osten aktiviert, da Blaugrün zum Wasserelement gehört und Wasser Holz nährt.

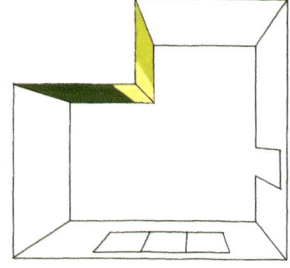

5. Beispiel: *Süden*
Die Feuerelemente Rot und Orange ergänzen einander. Die Holzform des Orange aktiviert diesen Bereich zusätzlich, da Holz Feuer nährt.

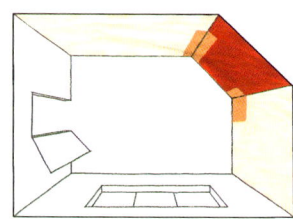

3. Beispiel: *Osten*
Der farbliche Anstrich führt wieder zu einem energetischen Ausgleich des Fehlbereichs. Zusätzlich werden in den Ecken zwei Grünpflanzen aufgestellt, die den Osten erheblich aktivieren. Man spricht hier von einer energetischen Verankerung. Elementeharmonie: Wasser – Holz

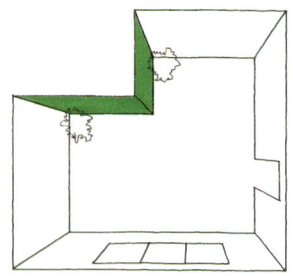

6. Beispiel: *Nordosten*
Das Feuerelement harmoniert mit dem Braun des Erdelements und aktiviert es. Die Form des Erdelements verleiht der Ecke Stabilität. Zudem schlägt die Form des Holzelements einen belebenden Bogen zu der des Erdelements.

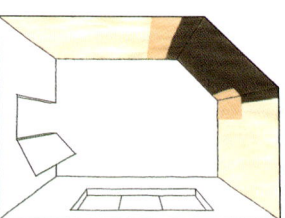

Neben den Farben energetisieren Sie die einzelnen Ba'Gua Bereiche mit den unten genannten Materialien. Symbole* sind wirkungsvoll, um die dazugehörigen Lebensthemen zusätzlich zu aktivieren. Die Symbole müssen jedoch unmittelbar mit Ihren eigenen Empfindungen in Bezug stehen. Die unten genannten Symbole sind als Angebot zu verstehen.

Bitte beachten Sie: Aktivieren Sie nur solche Lebensbereiche, in denen ein Mangel vorherrscht und am besten nicht mehr als zwei Ba'Gua-Bereiche. Halten Sie diese stets sauber und denken Sie öfters daran, dass Sie Ihrem Leben mit diesen Aktivierungsmaßnahmen unterstützende Impulse verleihen wollen.

Norden Wasser Kan	Nordosten Erde Ken	Osten Holz Chen	Südosten Holz Sun	Süden Feuer Li	Südwesten Erde Kun	Westen Metall Tui	Nordwesten Metall Chien	Zentrum Erde Tai'ji
Wasser Glas Spiegel	Stein Sand Krüge Ton Keramik	Pflanzen Bücher Parkett Säulen Mobiles	*wie Osten*	Leder Kunststoffe Licht Kerzen Bilder	*wie Nordosten*	Metalle Beschläge Skulpturen Granit Uhren Kristalle	*wie Westen*	*wie Nordosten*
* Treppen-stufen	* schwere Steine * Urkunden	* Familienfotos * Sonnen-aufgang	* Geldstücke * Hufeisen	Licht	* Paarsymbole	* heitere Bilder Mobiles	Bilder v. Freunden u. Mentoren	* Stein * Vase mit fünf Ton-kugeln

Zusammenfassung:

Die fünf Elemente lassen sich den acht Himmelsrichtungen zuordnen. Die feinen Richtungsenergien nennt man Trigramme. Ihre Bedeutungsebenen sind vielfältig. Neben den Farben, Formen, Materialien und Himmelsrichtungen werden Lebensthemen zugeordnet. Die Anordnung der einzelnen Trigramme um die Mitte, dem Tai'ji herum, nennt man Ba'Gua. Dieses energetische Raster lässt sich auf jeden Grundriss legen und gibt Aufschluss über den Mangel oder die Überaktivierung gewisser Lebensbereiche. Ziel im Umgang mit dem Ba'Gua ist ein größtmöglicher energetischer Ausgleich innerhalb des gesamten Ba'Guas. Hierzu sind Farben, Formen und Materialien ein wirkungsvolles Gestaltungsmittel, da sie das Energieniveau der Räume anheben und bestmöglich balancieren. Der energetische Ausgleich erfolgt über das in diesem Bereich vorherrschende Element. Eine Aktivierung erfolgt über das erzeugende Element.

Ost-West-System

Die verschiedenen Kraftfelder eines Menschen

Die Feng-Shui-Methode, die sich mit der vertieften Sichtweise der Richtungsenergien beschäftigt, ist das Ba'Zai, das auch als das Ost-West-System oder das System der »Acht Häuser« bekannt ist.

Wie die Münze zwei verschiedene Seiten hat, so wirken sich einzelne Himmelsrichtungen unterschiedlich auf die Befindlichkeit des Menschen und dessen Wohnumfeld aus. Es ist keinesfalls so, dass sich alle Himmelsrichtungen auf den Einzelnen günstig auswirken. Einige zeichnen sich durch ein kraftvolles und für den Einzelnen förderliches Energiefeld aus. Andere Bereiche hingegen erweisen sich als kräftezehrend und energetisch unruhig. In ihnen kann man schnell ermüden, unruhig schlafen oder streitet sich ständig. Mit der Konsequenz, dass man die für den Einzelnen kraftvollen Lebensbereiche stärkt und die ungünstigen Bereiche ableitet, d.h. schwächt. Hierzu wendet man konsequent die fünf Elemente und ihre Zyklen an. Eine Schwächung durch Ableitung stellt dabei keinen Nachteil dar. Die unruhigen Schwingungsenergien dieser Lebensbereiche werden beruhigt, indem ihnen etwas von ihrer »hyperaktiven« Kraft genommen wird.

Bei näherer Betrachtung bilden sich zwei unterschiedliche energetische Gruppen, die als Ostgruppe und Westgruppe bezeichnet werden. Diese Aufteilung liegt in der Polarität von Yin und Yang begründet. Drei Yang-lastige Trigramme und ein Yin-lastiges bilden die Ostgruppe, drei Yin-lastige Trigramme und ein Yang-lastiges Trigramm bilden die Westgruppe.

Ostgruppe

Für die Menschen und Häuser der Ostgruppe mit ihren stark Yang-lastigen Energiefeldern sind die in der Tabelle beschriebenen Bereiche günstig und können aktiviert werden. Die verbleibenden Himmelsrichtungen sind energetisch unruhig und für Menschen der Ostgruppe schwächend. Sie müssen daher abgeleitet, d.h. geschwächt werden. Menschen der Ostgruppe haben einen eher aktiven, innovativen Charakter.

Osten	Südosten	Süden	Norden
Holz	Holz	Feuer	Wasser
Chen	Sun	Li	Kan

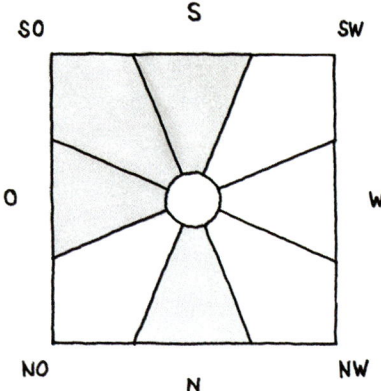

Westgruppe

Für die Menschen und Häuser der Westgruppe mit ihren stark Ying-lastigen Energiefeldern sind folgende Bereiche günstig und können aktiviert werden:

Südwesten	Westen	Nordwesten	Nordosten
Erde	Metall	Metall	Erde
Kun	Tui	Chien	Ken

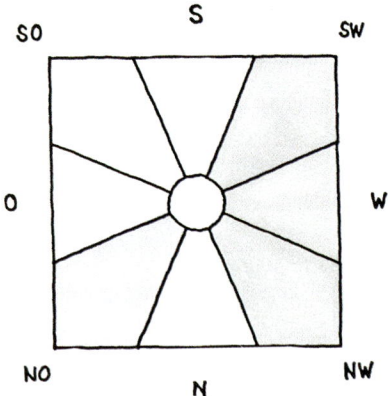

Die verbleibenden Himmelsrichtungen sind energetisch unruhig und für Menschen der Westgruppe schwächend. Sie sollten daher abgeleitet, d.h. geschwächt werden. Menschen der Westgruppe haben einen eher zurückhaltenden, umsetzenden Charakter.

**Die Berechnung des Lebenstrigramms
von Personen**

Aufgrund Ihres Geburtsjahres können Sie Ihr Lebenstrigramm und damit auch Ihre Zugehörigkeit zur Ost- oder Westgruppe bestimmen. Durch einen einfachen Rechenweg können Sie das Trigrammelement wie folgt errechnen. Für Männer und Frauen gibt es jeweils eine eigene Formel. Der Jahresbeginn ist nach dem Mondkalender stets am 4. oder 5. Februar. Diejenigen, die vor diesem Datum geboren wurden, zählen zum Vorjahr.

Beispiel Männer 1:   **19.03.1971**

Addieren Sie die letzten beiden
Ziffern des Geburtsjahres. $7+1 = 8$
Bei zweistelligen Summen addieren Sie nochmals,
bis Sie eine einstellige Zahl erhalten.
Ziehen Sie die ermittelte Zahl von 10 ab. $10 - 8 = 2$
Die Subtraktion von 10 bleibt bei jeder Rechnung gleich.
2 ist das Lebenstrigramm.

Beispiel Männer 2:   **25.01.1979**

Datum korrigieren auf 1978.
Addieren Sie die letzten beiden Ziffern
des Geburtsjahres. $7 + 8 = 15$
Bei zweistelligen Summen addieren Sie nochmals,
bis Sie eine einstellige Zahl erhalten. $1 + 5 = 6$
Ziehen Sie die ermittelte Zahl von 10 ab. $10 - 6 = 4$
4 ist das Lebenstrigramm.

Beispiel Frauen 1:   **18.09.1953**

Addieren Sie die letzten beiden Ziffern
des Geburtsjahres. $5 + 3 = 8$
Addieren Sie zu der ermittelten Zahl 5 hinzu. $8 + 5 = 13$
Bei zweistelligen Summen addieren Sie nochmals. $1 + 3 = 4$
Die Addition mit 5 bleibt bei jeder Rechnung gleich.
4 ist das Lebenstrigramm.

Beispiel Frauen 2:   **7.06.1959**

Addieren Sie die letzten beiden
Ziffern des Geburtsjahres. $5 + 9 = 14$
Bei zweistelligen Summen addieren Sie nochmals,
bis Sie eine einstellige Zahl erhalten. $1 + 4 = 5$

Addieren Sie zu der ermittelten Zahl 5 hinzu. $5 + 5 = 10$
Bei zweistelligen Zahlen addieren Sie nochmals. $1 + 0 = 1$
Die Addition mit 5 bleibt bei jeder Rechnung gleich.
1 ist Ihr Lebenstrigramm.

Es gibt kein Trigramm 5, da diese Zahl für die Mitte steht, in der sich alle Himmelsrichtungen treffen. Erhalten Sie als Endergebnis eine 5, so erhalten Männer das Trigramm Ken 8, Frauen Kun 2, denn Ken und Kun repräsentieren beide ebenfalls das Erdelement, genau wie die Mitte.

Ab dem Jahr 2000 muss die ermittelte Summe für Männer von 9 subtrahiert werden.
Ab dem Jahr 2000 muss die ermittelte Summe bei Frauen zu 6 addiert werden.
Das Resultat 0 entspricht dann der 9.

Beispiel Frauen 3:   **16.05.2002**

Addieren Sie die letzten Ziffern des Geburtsjahres. $0 + 2 = 2$
Addieren Sie zu der ermittelten Zahl 6 hinzu $2 + 6 = 8$
8 ist das Lebenstrigramm.

Lebenstrigramme und ihre Zuordnung

Kan	Kun	Chen	Sun	Chien	Tui	Ken	Li
1	2	3	4	6	7	8	9

Die Kraftfelder der einzelnen Trigramme

Die unten aufgeführten Diagramme geben Ihnen einen Überblick über die Verteilung der energetisch kraftvollen Bereiche und Himmelsrichtungen aller acht Trigramme. Die Bereiche werden unterschiedlich gedeutet und in den Diagrammen durch entsprechende Kürzel angezeigt.

Das Ba'Zai der Ostgruppe – kraftvolle Bereiche für Haus und Personen auf einen Blick:

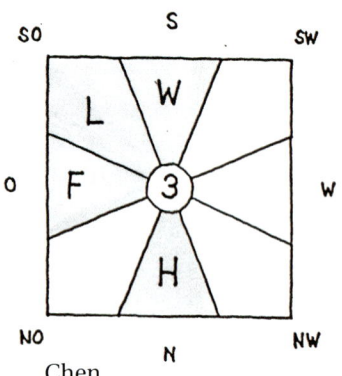
Chen

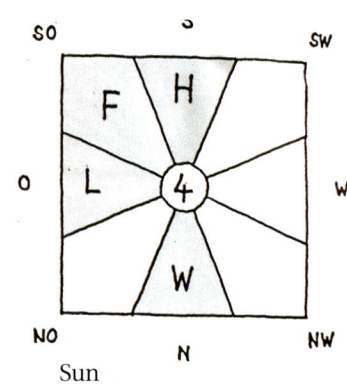
Sun

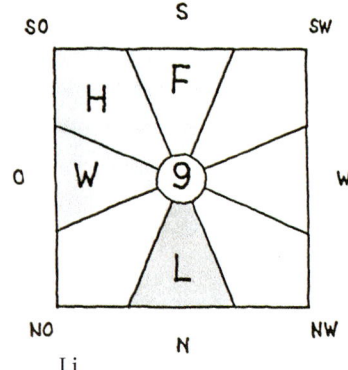
Li

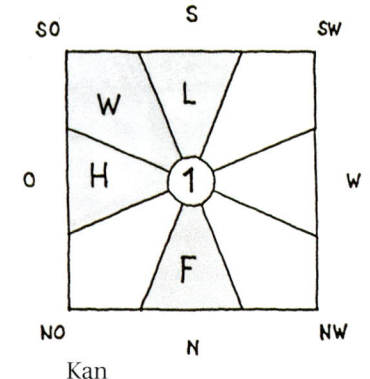
Kan

Das Ba'Zai der Westgruppe – kraftvolle Bereiche für Haus und Personen auf einen Blick:

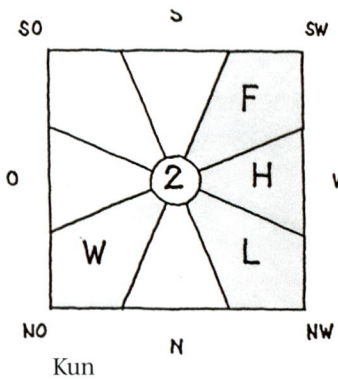
Kun

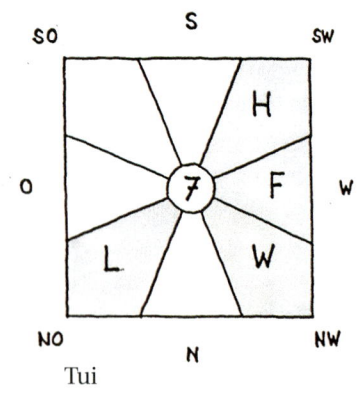
Tui

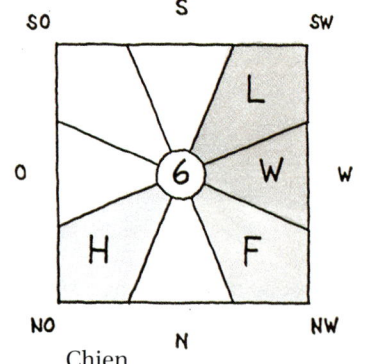
Chien

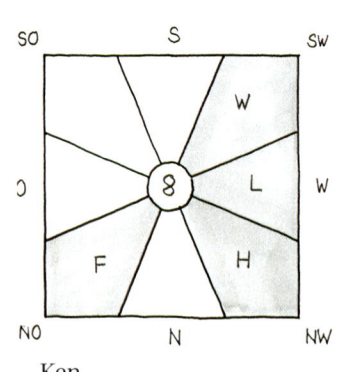
Ken

KÜRZEL	STEHT FÜR …	BEDEUTET…	BESONDERS GEEIGNET FÜR …
W	Wohlstand und Vitalität	Glück, berufliches Ansehen und Erfolg, fördert die Intuition	Haupteingangsbereich, Arbeitsplatz und Arbeitsausrichtung
H	himmlischer Arzt	Gesundheit, stärkt die Selbstheilungskräfte	Herdausrichtung, Schlafplatz und Schlafausrichtung
L	Langlebigkeit	Familienharmonie, gute Beziehungen, Partnerschaft	Schlafzimmer, Ess- und Kommunikationsbereich
F	innerer Frieden	Harmonie; betont die persönliche Entwicklung, unterstützt klares Denken und Entscheidungsfreudigkeit	Meditationsraum

Analysieren Sie die persönlichen Richtungen und Bereiche zuerst. Es wird allgemein als förderlich angesehen, wenn eine übereinstimmende Gruppenzugehörigkeit vorliegt. Jedoch sind die gegenläufigen energetischen Schwingungen der jeweils anderen Ost- oder Westgruppe Reibungsflächen, die durchaus als Entwicklungschance angenommen werden können. Bei dem Versuch, allen im Haushalt lebenden Personen die für sie besten Bereiche und förderlichsten Richtungen zukommen zu lassen, werden Sie an Ihre Grenzen stoßen. Die Kunst liegt dann in fairen Kompromissen. Wird einer der Partner im Schlafzimmerbereich gestärkt, so kann man den anderen Partner im hauseigenen Büro oder am Esstisch unterstützend ausrichten. Es gibt immer mehrere Wege.

Grundsätzlich sind innerhalb der Ost- und Westgruppe alle oben genannten Bereiche und Himmelsrichtungen positiv. Versuchen Sie in einem der für Sie positiven Bereiche zu schlafen und zu arbeiten. Wählen Sie die Arbeitsrichtung so, dass Sie in die Sie unterstützende Richtung schauen. Richten Sie beim Schlafen Ihr Bett so aus, dass die für Sie vitalen Energien auf Ihren Scheitel ausgerichtet sind. Wenn Sie auf Grund von architektonischen Gegebenheiten nicht in Ihrer besten Arbeitsausrichtung (W) sitzen oder im besten Bereich (W) arbeiten kön-

nen, dann wählen Sie eine der drei anderen günstigen Richtungen aus. Versuchen Sie Schlaf-, Kinder- und Arbeitszimmer möglichst in den vitalen Bereichen Ihres Hauses unterzubringen. Das wird nicht immer möglich sein, doch dann können Sie in den schwächeren Bereichen die Familienmitglieder persönlich stärken, um sie mit ausreichender Energie zu versorgen. Auch hier ist der Einsatz von Farben und Formen eine unerschöpfliche Kraftquelle.

Beispiel: Eine Person mit dem Lebenstrigramm Kan gehört zur Ostgruppe. Ihre förderlichen Bereiche sind im Norden, aber auch im Osten, Südosten oder Süden. Die beste Arbeitsrichtung ist demnach Südosten, die günstigste Schlafausrichtung zeigt Richtung Osten.

Für die Ermittlung eines Trigramms bei öffentlichen Gebäuden brauchen Sie, wie bei Personen, ein energetisches Charakterbild, das Trigramm. Braucht man für die Bestimmung des Lebenstrigramms eines Menschen dessen Geburtsdatum, so wird das Trigrammelement eines Hauses oder öffentlichen Gebäudes durch dessen »Sitzposition« bestimmt.
Was bedeutet »Sitzposition« und welche weiteren Positionen gehören noch zur Ausrichtung eines Hauses?

Die fünf Tiere des Feng Shui

Die fünf Tiere des klassischen Landschafts-Feng-Shui geben eine Antwort: Schildkröte, Phönix, Tiger, Drache und die Schlange stehen symbolisch für Rückendeckung, Weitblick, Schutz und das Zentrum, das von all diesen Kräften umgeben ist. Die Ausrichtung der fünf Tiere wird sowohl bei Landschaftsformationen, Häusern in Stadtgebieten wie auch Sitzpositionen innerhalb eines Raums angewendet. Sind die Tiere in ihrer Balance, so kann ausreichend Lebensenergie angesammelt und bewahrt werden.

Sehen wir uns den Bereich der *blauen Schildkröte* an: Was in der Landschaft Hügel, Berge oder Wälder sind, sind in der Stadt Zäune, Mauern, Bäume oder Häuser, die an die auf der Rückseite eines Hauses liegenden Gärten angrenzen. Für das Innere eines Hauses bedeutet das, die Rückseite des Hauses, eine feste Wand im Rücken zu haben oder einen Stuhl mit hoher Rückenlehne – für den Menschen ist es die Wirbelsäule, sein »Rückgrat«. Die Schildkröte entspricht der Sitzposition eines Hauses.

Der *rote Feuervogel Phönix* steht für die freie Fläche vor dem Haus, dort wo die Lebensenergie ungehindert zufließen kann. Fehlt diese offene Fläche, so ist die Vitalität eines Hauses vermindert. Wenn Sie das beschriebene Phänomen in ein Arbeitszimmer herunterzoomen, so stellt die Wand, vor der ein Schreibtisch steht, den blockierten Phönix dar, der dem Arbeitenden das sprichwörtliche »Brett vor dem Kopf« beschert. Der Phönix steht für die Blickrichtung eines Hauses.

Die rechte Hausseite – vom Eingang des Hauses nach draußen schauend – ist die Seite des *weißen Tigers*. Sie entspricht der weiblichen Seite und sollte niedriger gestaltet sein als die linke Seite eines Hauses oder Arbeitsplatzes, damit das Chi zirkulieren kann, da gleiche Höhen Stagnation bedeuten.

Die linke Hausseite ist die Seite des *grünen Drachen*, die der männlichen Dynamik entspricht. Höhere Häuser, Pflanzenbewuchs oder Regale zur Linken sind mit dem Bild des Drachen verbunden.

Die *gelbe Schlange* steht für das Zentrum: Das Haus in der Landschaft oder den Menschen im Raum. Hier ist der Mittelpunkt der Betrachtungen und der Bezugspunkt für die anderen Tiere.

Bestimmung der Sitzposition eines Gebäudes

Die Sitzposition ist das Rückgrat eines Hauses. Die Ermittlung der Sitzposition folgt zuerst einmal keinem mathematischen Rechenweg. Es gibt daher verschiedene Faktoren, die in der Umgebung des Objekts beachtet werden müssen, von denen hier einige markante herausgegriffen werden. Die Kunst des Feng Shui besteht unter anderem darin, die richtigen Abwägungen zur Bestimmung der vorherrschenden Sitzposition zu treffen. Dabei ist wichtig, dass die Sitzposition immer der Blickrichtung gegenüber liegt. Die Sitzposition bestimmt das Haustrigramm.

Äußere Faktoren:

1. Die *Rückendeckung* (⬤) muss Sicherheit vermitteln. Daher werden andere Häuser, Berge, Bäume oder eine Hangaufwärtssituation gesucht.

2. Die *Blickrichtung* (→) braucht einen guten Energiezufluss, der durch einen größeren, unverstellten Platz vor dem Haus garantiert wird. Auch Wege oder Flüsse können ebenso wie eine hangabwärtsgerichtete Aussicht diesen Energiezufluss ermöglichen.

Innere Faktoren:

1. **Die Organisation der Räume:** Ruhige, kleine Räume sind statisch und damit Yin-lastig. Sie gehören in die Rückendeckung, da sie besonders von der Sicherheit profitieren. Belebte Räume sind Yang-lastig und gehören in die Blickrichtung, da sie der Yang-Qualität dieser Seite entsprechen und von der Bewegungsenergie profitieren.

2. **Der Zugang zu einem Haus:** Die Tür ist von ihrer Natur vollständig yang.

3. **Die Öffnungen in der Fassade:** Größere Fenster sollten sich in Blickrichtung befinden, kleinere Fenster in der Sitzposition.

4. **Symbolische Form des Hauses:** Die Vorderseite sollte erkennbar das Gesicht des Hauses sein.

Beispiel 1: Café-Restaurant

• Sehr gute Rückendeckung durch die feste Wand des Nachbarhauses.

• Freier Blick am Eingang.

• Guter Flankenschutz.

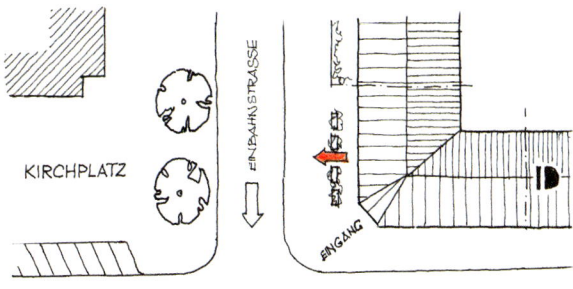

Die Blickrichtung liegt nicht an der Straßenseite. Die Terrasse und der Kirchplatz sowie die innere Ausrichtung des Lokals legen hier die Blickrichtung fest.

Beispiel: 2: Büro

• Sehr gute Rückendeckung durch die feste Wand des Nachbarhauses

• Freier Blick am Eingang.

• Guter Flankenschutz an der Drachen- und Tigerseite.

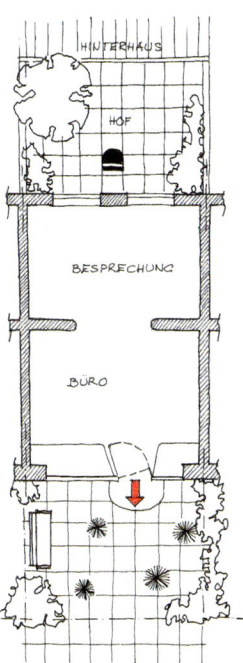

Ein gepflasterter Bereich vor einer ehemaligen Schusterei wurde zu einem umsäumten, offenen Vorplatz, dem Bereich des Phönix umgestaltet. Das Büro, das nun dort angesiedelt ist, hat in der Sitzposition ein altes Hinterhaus. Drachen- und Tigerseite werden durch Nachbarhäuser gestärkt.

Anwendungsbeispiele Schritt für Schritt:

Im Folgenden können Sie in Auszügen systematisch an der Gestaltung eines Messeprojekts und eines Kinderzimmers das Erlernte nachvollziehen. Sie sehen anhand der Tabellen sofort, welche Elemente in den entsprechenden Himmelsrichtungen eingesetzt worden sind.

Projekt 1: Messeprojekt

Im vorgestellten Projekt sind konsequent die Elemente und ihre Zyklen in Übereinstimmung mit den Himmelsrichtungen umgesetzt worden. Die Beispiele lassen sich mühelos nachvollziehen und eignen sich hervorragend, um sie in kleinere wie größere Lebens- und Arbeitsbereiche zu übertragen.

Ausgangssituation:
Anlässlich der Messe »Domotechnika« entstand die Idee, vertraute Messestrukturen aufzubrechen und ein neues Konzept für eine inszenierte Begegnungs- und Interaktionsfläche innerhalb der Messehalle 4 zu schaffen. So erwartete die Besucher ein sinnlich erlebbarer Rundgang, gleichsam spannend und informativ, der durch acht kontrastierende, miteinander verbundene, themenorientierte Küchenwelten führte.

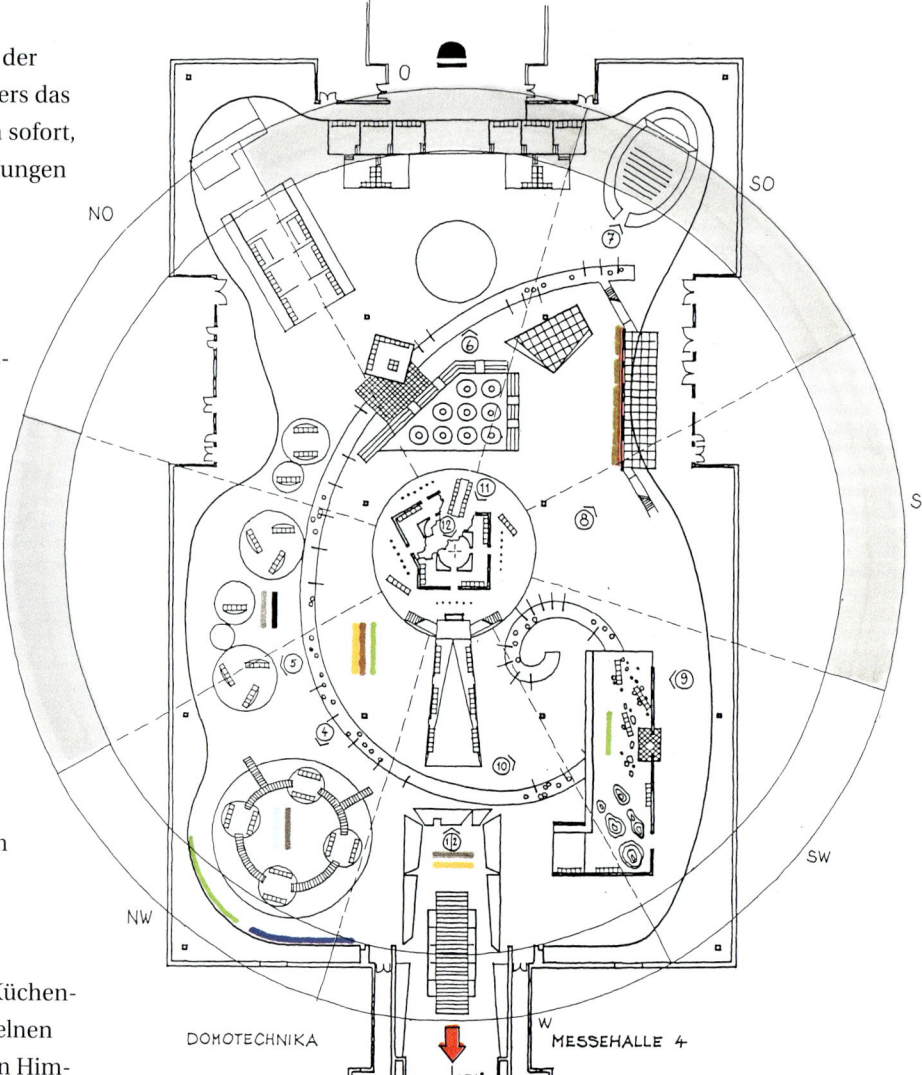

Umsetzung:

Im vorgestellten Projekt entspricht die Gestaltung der Küchenwelten der Kraft der fünf Elemente, wobei sich die einzelnen Elemente nahezu passgenau in den ihnen zugeordneten Himmelsrichtungen wiederfinden »mal aktivierend, mal ausgleichend«. Dabei wurden Farben, Formen und Materialien im unterstützenden Zyklus so aneinandergereiht, dass sie sich zu einer faszinierenden Dramaturgie ergänzten.

1. Grundrissplan der Messehalle 4

2. ➔ Der Mittelpunkt wird durch die Diagonalen ermittelt.

3 ➔ Da es sich um ein öffentliches Gebäude handelt, ermitteln Sie die Gradausrichtung der Blickrichtung beim Zugang in die Messehalle 4. Dort ist der Bereich des Phönix, von dort gelangt der Hauptbesucherstrom in die Messehalle. Der Zugang ist auf 276 Grad West ausgerichtet.

4. ➔ Tragen Sie das Kompassrad ein.

5. ➔ Die Sitzposition der Messehalle liegt dem Eingang gegenüber im Osten.

6. ➔ Das Trigramm des Ostens ist Chen – Ostgruppe

7. ➔ Die energetisch kraftvollen Bereiche sind: O, SO, S, N. Diese Bereiche können aktiviert und unterstützt werden. Die energetisch unruhigen Bereiche sind: NW, SW, W, NO. Diese Bereiche müssen abgeleitet und beruhigt werden.

Westen: Metallelement
Eingangsbereich

Die Bildwand "Toskana und Technik" am Eingang der Ausstellung "Living Kitchen". Bereits der Zugang zu den Küchenwelten stimmt den Besucher mit einer Multimediawand und Bildsegmenten auf das Erlebnis ein.

Die verwendeten Elemente Erde, Metall und Wasser, unterstützen einander und grenzen die Außenwelt von den Küchenwelten ab: das Erdelement nimmt den energetischen Impuls des Südwestens von rechts auf, während das Metallelement den Impuls an das sich nach links zum Nordwesten hin anschließende Metallelement weitergibt.

Multimediawand transparent. Von Zeit zu Zeit öffnet sich die Bilderwand und läßt einen weiten Blick in den Ausstellungshintergrund zu.

Objekt	Form	Farbe	Material	Element
Multimediawand	liegendes Rechteck		Metall Glas	Erde Metall Wasser
Bildsegmente	Quadrate	Gelb, Weiß		Erde Erde, Metall

Nordwesten: Metallelement
Der Bereich wird abgeleitet

Metall, die Referenz an den Nordwesten, aber vor allem Wasser, das den Nordwesten energetisch beruhigt, sind hier die vorherrschenden Elemente. Während das Metallelement die kühle Sachlichkeit unterstreicht, wird die atmosphärische Balance durch weiche, wasserfallartig inszenierte Stoffverläufe hergestellt.

Objekt	Form	Farbe	Material	Element
Ausstellungsbereich Nordwesten	rund			Metall
Stoffe	fallend, fließend			Wasser
		Weiß		Metall
Wasser		Blau	Wasser	Wasser

Zentrum: Erdelement
Der Bereich wird harmonisiert

Alle Küchenwelten gruppieren sich um das Zentrum, das durch die stimmige Elementeverteilung harmonisiert wird: Das Wasserelement wird durch musikalische Untermalung harmonisch integriert. Hier ist der Brückenschlag von der Antike bis zur Gegenwart elegant gelungen. Die Heiterkeit des Südens steht hier im Dialog mit der Stringenz ausgefeilter Technologie.

Fazit: Die KölnMesse und die Eventagentur »Living media« sind für ihren Mut, neue Wege in der Messegestaltung zu gehen, durch einen großen Besucherzustrom belohnt worden.

Objekt	Form	Farbe	Material	Element
Ausstellungsbereich	rund			Metall
Bodenbelag		Sandfarben	Bruchstein	Erde
Mauerwerk	querkant	Gelb, Sandfarben, Erdfarben	Sandstein, Putz	Erde

Projekt 2: Kinderzimmer

Farben können den Zusammenhalt innerhalb einer Familie sowie Selbstbewusstsein und Lebensfreude einzelner Familienmitglieder stärken, wie die Feng Shui-Beratung im Wohnhaus einer vierköpfigen Familie in Bayern zeigt.

Ausgangssituation:

Früher bewohnte die Familie ein Einfamilienhaus zur Miete, das mit seinen mehr als 200 m² allen Familienmitgliedern viel Platz zur Entfaltung bieten sollte. Zu viel Platz, wie sich mit der Zeit herausstellte. Zwischen den beiden Jungen bauten sich häufig Spannungsfelder auf und der ältere Sohn schien am meisten unter den Disharmonien zu leiden. Ziel der Beratung war es nun, mit minimalem Aufwand für alle Familienmitglieder ein Lebensumfeld zu schaffen, das die Kräfte jedes einzelnen nicht verzehren sondern freisetzen würde. Im Blickfeld steht hier die Gestaltung des Zimmers des ältesten Sohnes Maximilian.

Umsetzung:

Der älteste Sohn Maximilian gehört zum Lebenstrigramm Sun. Für ihn sind demnach die Bereiche Südosten, Osten, Süden und Norden kraftvoll. Der Eingang des Hauses weist auf 325° Nordwest.

1. ➜ Tragen Sie die Himmelsrichtungen ein.

2. ➜ Der beste Bereich für eine Person der Ostgruppe ist ein Zimmer in einem für die Ostgruppe günstigen Bereich: Hier bekommt der Junge das Zimmer im Osten/Südosten. Ein weiteres Kinderzimmer wäre im Westen noch beziehbar gewesen. Dieses Zimmer ist jedoch für den jüngeren Bruder, der zur Westgruppe gehört, förderlicher.

3. ➜ Die einzig günstige Schlafausrichtung ist der Südosten. Damit die Füße nicht direkt zur Tür zeigen, wird eine halbhohe Kommode vor sein Bett gestellt, auf der der begeisterte Bastler seine Modellbauten platzieren kann. Um die senkrechten blauen Farbfelder, die das Bett einrahmen, sichtbar zu machen, wurde für das Foto (S.62) die Kommode am Fußende beiseite gestellt.

4. ➜ Der Schreibtisch ist ebenfalls so ausgerichtet, dass die Blickrichtung beim Arbeiten Richtung Südosten zeigt. Gerade

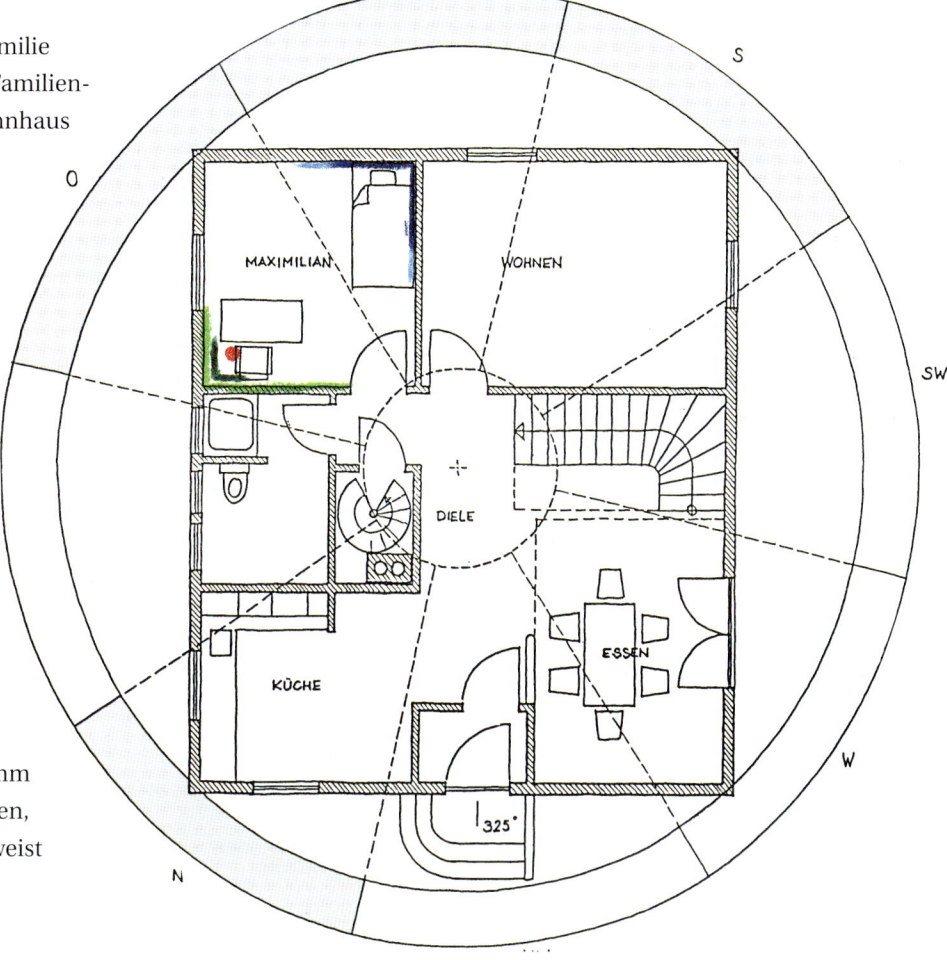

die Ausrichtung dieser Positionen bringt erhebliche Unterstützung und Stabilität für die einzelne Person.

5. ➜ Die Lieblingsfarbe von Maximilian sollte sich unbedingt in seinem Zimmer wiederfinden. So wurden die Wände im Bettbereich in einem warmen, freundlichen Hellblau gestrichen. Zwei mittelblaue hochkantige Farbfelder rahmen das Bett in der Diagonale schützend ein, sodass auch die Emotionalität des Jungen sich hier entfalten kann. Gleichzeitig ist der Bettbereich diagonal mit dem Bereich des Schreibtischs durch einen Yin-Yang-Dialog verankert: eine hochformatige, grüntonige Wandfläche, die über Eck im Osten auf eine maigrüne Wand aufgemalt wurde, belebt mit ihrem Holzelement nicht nur den Raum, sondern auch das Kraftfeld des Jungen. Dem grünen Farbfeld wurde noch eine strahlend rote Raute hinzugefügt, um den Raum mit Feuerenergie zusätzlich zu dynamisieren.

Der Farbgestaltungsplan des Erdgeschosses macht mit seinen Farbangaben den stimmigen Einsatz der Farben und Elemente deutlich und obwohl die Familie früher nur sparsam mit Farben umgegangen ist und auch farbigen Wänden durchaus skeptisch gegenüberstand, konnten sich letztlich alle für das belebende Farbkonzept begeistern.

Fazit: Die Farben und ihre Anordnung haben rückblickend betrachtet zu einer erheblichen inneren Festigung des Jungen beigetragen, zumal er selber an dem Gestaltungsprozess intensiv Anteil genommen hat. »Wir sind uns alle vier einig, dass die Kinder sich seit der Renovierung viel besser verstehen, was sich auch auf die Harmonie der ganzen Familie auswirkt«, schrieb mir die Familie einige Zeit nach meiner Beratung.

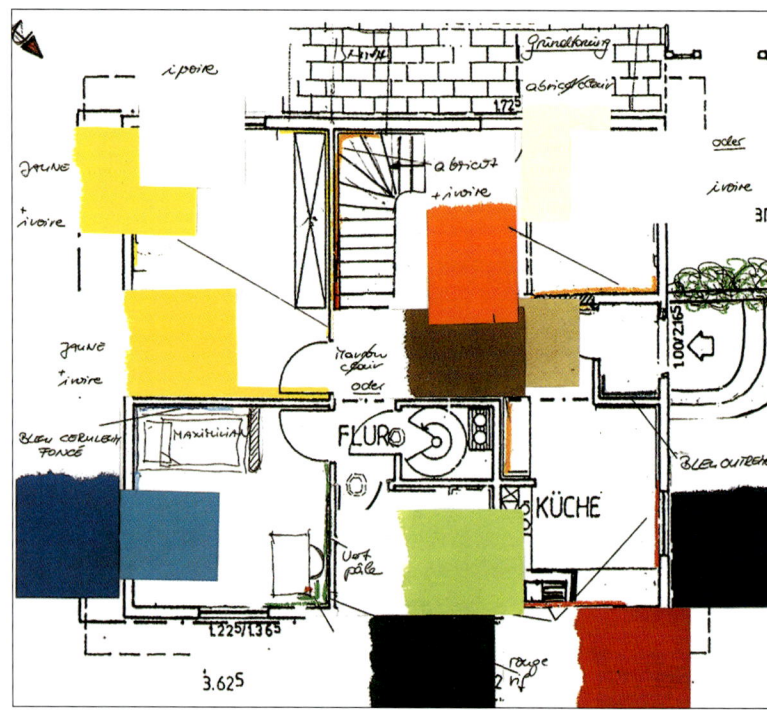

Der Schlafbereich des Jungen und das korrespondierende Farbenspiel im Arbeitsbereich

Objekt	Form	Farbe	Material	Element
Lebenstrigramm Maximilian Sun				Holz
Zimmer im Osten/ Südosten				Holz
Wandfarbe im Schlafbereich	hochformatig	Mittel- und Hellblau		Holz Wasser
Wandfarbe im Arbeitsbereich	hochformatig Raute	Mittelgrün Rot		Holz Feuer

Zusammenfassung:

Anwendung des Ost-West-Systems

➜ Richten Sie sich zunächst nach den Personentrigrammen. Denn es geht nicht um ein gesundes Haus, sondern um einen gesunden Menschen.

➜ Leiten Sie die für die Personen ungünstigen Hausbereiche nach dem Zyklus der fünf Elemente ab. Bemühen Sie sich um eine sanfte Ableitung durch das im Zyklus folgende Element. Setzen Sie den Zerstörungszyklus so selten wie möglich ein.

➜ Versuchen Sie alle fünf Elemente im Raum zu installieren, gerade wenn Sie in einem Bereich leben, mit dem Sie nicht in Harmonie sind. Zollen Sie der Himmelsrichtung Respekt und geben Sie ein wenig von dem Element in den Raum, das in Einklang mit der Himmelsrichtung steht.

Es besteht die Möglichkeit, Räume ihrer Identität nach einzurichten. Hierbei steht die Wirkungs- und Heilkraft der Farben im Mittelpunkt der Anwendung.

➜ Restaurants: Elemente Feuer, Erde, Metall.

➜ Gesundheitsbereich: Elemente Holz und etwas Wasser.

Es bedarf jedoch hierzu in jedem Fall der fachlichen Analyse eines Feng-Shui-Beraters, den Sie im Zweifelsfall ohnehin besser konsultieren, wenn Sie sich unsicher fühlen sollten.

Unabhängig von der fachlichen Hilfe ist es immer förderlich, sich selbst erst einmal mit Achtsamkeit auf den Weg zu machen und durch kleine Veränderungen seinem Leben noch mehr Swing zu geben.

Beginnen Sie ruhig im Kleinen – spielerisch!

Erläuterungen zum Projektteil

I. Die innerhalb der Projekte aufgeführten Tabellen machen den harmonisch-stimmigen Einsatz der Elemente untereinander und passend zu den jeweiligen Himmelsrichtungen auf einen Blick deutlich. In der Auflistung werden die wesentlichen Kriterien eines Objektes betont und dem entsprechenden Element zugeordnet. Der Leser erkennt dann an der Zusammenstellung der Elemente, in welcher Weise sie miteinander kombiniert wurden:

a. harmonisch fördernd nach dem Fütterungszyklus
b. sanft reduzierend durch Ableitung
c. stärker reduzierend nach dem Zerstörungszyklus

Gleichzeitig lässt sich durch das Studium der Tabellen der Elementezyklus spielerisch vertiefen. Auch kann die Zuordnung der Farben und Formen zu den einzelnen Elementen mühelos nachvollzogen werden. Gehören Farbe und Form eines Objektes zu unterschiedlichen Elementen, so kann der Leser in der Spalte »Elemente« erkennen, ob es sich innerhalb der Gestaltung um eine Elementeharmonie handelt.

Objekt	Form	Farbe	Material	Element
Wandbild ⟶		Rot ⟶	Plastik ⟶	Feuer
Wandbild ⟶	Quadrat ⟶			Erde

Erklärung:

In diesem Fall handelt es sich um ein Wandbild, dessen rote Farbe und Material (Plastik) zum Feuerelement gehören. Die quadratische Form des Wandbilds gehört zum Erdelement. Erkennbar ist, dass hier nach dem Fütterungszyklus der fünf Elemente ein harmonisches Gestaltungsbild vorliegt, da Feuer Erde nährt.

II. Das folgende Bildmaterial verzichtet bewusst auf schmückendes Beiwerk, um den Blick des Lesers bewusst auf die Umsetzung farblicher und formaler Gestaltungsmöglichkeiten zu lenken. Dadurch wird eine Reizüberflutung vermieden.
III. Den von allen qualifizierten Feng-Shui-Beratern durchgeführten Projekten liegen astrologische Analysen zugrunde, die weit über den Rahmen dieses Buches hinausweisen. Daher wurden von mir solche Projekte ausgewählt, in denen die astrologischen Erhebungen weitgehend mit denen des Ost-West-Systems übereinstimmen.

PROJEKTTEIL

14 ausgewählte Projekte aus Deutschland,
Österreich und der Schweiz

EINFAMILIENHAUS

Hamm

Einfamilienhaus

Hamm

Trigramm des Mannes:	KUN 2 Westgruppe
Trigramm der Frau:	SUN 4 Ostgruppe
Eingang:	341° Nord

Ausgangssituation

Vor einigen Jahren wollte die Hauseigentümerin neue Wege der Raumgestaltung gehen, nachdem sie bereits von Kunden und Kollegen aus dem Malerhandwerk auf Feng Shui angesprochen worden war. Bei der Betrachtung ihres damaligen Lebensbereichs fiel den Besitzern dieses Einfamilienhauses auf, dass der Wohnbereich durch seine unterkühlte Farbgestaltung nur wenig Behaglichkeit aufkommen ließ, wobei die Öffnung des Wohn- und Essraums zum Dachbereich mit seinen Schrägen die energetische Unruhe noch verstärkte.

»Wir fühlten uns fast ein wenig rausgedrängt, als wollte man uns nicht zur Ruhe kommen lassen«, beschrieb die Frau das Gefühl, das sie und ihr Mann hatten, wenn sie es sich auf dem Sofa in der Nähe des Kamins gemütlich machen wollten. Dieses Unbehagen wurde nicht zuletzt durch die Schrankwand verursacht, die sich in Richtung des Kamins zu schieben und dabei alles wegzudrücken schien, was sich ihr in den Weg stellte. Da sich das Sofa halb unter der Empore, halb im nach oben hin offenen Raum befand, ließ sich das Gefühl des Ehepaars gut nachvollziehen. Hinzu kamen die Lila/Blau-Töne, die im Konflikt mit dem Süden und Südwesten stehen und damit für weitere Unruhe sorgten. Der großen Drachea-Pflanze erging es trotz ihres Fensterplatzes auch nicht besser, da ihr Wachstum durch die Schrankwand und das Sofa blockiert war und ihre Blätter durch das Deckenlicht verbrannt wurden.

Umsetzung

Süden/Südwesten:

Wohnzimmer

Da das Paar unterschiedlichen Trigrammgruppen zugeordnet ist, wurden mit Rot, Gelb und Weiß die Farben berücksichtigt, die mit den Himmelsrichtungen des Raumes im Einklang sind. Die Farben unterstützen dabei gleichzeitig die Frau und den Mann, wobei das helle, sonnige Raumgefühl, das durch das wärmende, umhüllende Erd-Element entsteht, eine Geborgenheit und Entspannung gibt, die dem Wunsch beider Partner entspricht. Die bogenförmig angeordneten Salzkristalllampen sorgen nicht nur für ein frisches Raumklima, sondern schlagen auch eine Brücke zwischen dem Süden, einem Bereich der Ostgruppe, und dem Südwesten, einem Bereich der Westgruppe,

Wohnzimmer nachher (1)   Wohnzimmer vorher

jenen beiden Trigrammbereichen, zu denen das Ehepaar gehört. Die Zahl Neun symbolisiert Langlebigkeit und gipfelt in der kleinen Skulptur eines sich anschmiegenden Paares, wodurch das Thema des Südwestens »die Beziehung« aktiviert wird. Darüber hinaus ermöglicht das neue Sofa die Nutzung

des jeweils günstigsten Raumbereichs, wobei die Frau im für sie optimalen Süden mit Blick nach Norden sitzt, während sich der Sitzplatz des Partners im Südwesten mit Blickrichtung Nordosten befindet.

Objekt	Form	Farbe	Material	Element
Himmelsrichtung Süden				Feuer
Himmelsrichtung Südwesten				Erde
Wandfarbe		Gelb		Erde
Vorhänge		Rot / Gelb		Feuer / Erde
Salzkristalllampen	quadratisch	Orange / Gelb		Erde Feuer / Erde
Licht				Feuer
Sofa		Gelb		Erde
Sofakissen	quadratisch rund	Gelb Weiß		Erde Metall Erde Metall
Skulptur			offenporiger Stein	Erde

Osten/Südosten:

Essbereich

Auch dem Essbereich fehlte die wärmende Geschlossenheit. Die nach innen gerichtete, zentrierende Wirkung der Farbe Weiß war hier intensiv zu erleben, denn die weißen Wände ließen die Möbel und Accessoires einzeln hervortreten, sodass sie in ihrer gesamten Formen- und Farbenvielfalt zum raumbeherrschenden Element wurden. Das dadurch hervorgerufene unharmonische Klanggefüge ließ eine starke Spannung entste-

hen, die sich auch im Essverhalten der Hausbewohner und ihrer Gäste ausdrückte. Mit einem zarten Gelb als Grundtonung des Essbereichs wurde schlagartig die verbindende und wärmende Kraft der Erdtöne erlebbar – der Wohnbereich fühlt sich heute viel sanfter an und auch die dort platzierten Objekte treten in einen angenehmen Dialog miteinander. Das Rot der Wände leitet den Bereich des Südostens energetisch sanft ab und gibt ihm etwas Erhabenes und zugleich Schützendes.

Esszimmer vorher

Esszimmer nachher (2)

Objekt	Form	Farbe	Material	Element
Himmelsrichtung Osten / Südosten				Holz
Wandfarbe		Rot Gelb		Feuer Erde
Dekoration		Rot Gelb / Gold		Feuer Erde / Metall
Pflanzen				Holz

1. Obergeschoss/Westen/Nordwesten:

Schlafzimmer

Obwohl das Schlafzimmer erst vor kurzer Zeit renoviert worden war, klagte das Paar über extrem schlechten Schlaf. Das Entfernen der beiden Funkwecker brachte zwar eine erste Erleichterung, doch die unruhigen Muster der Tapete trugen weiterhin dazu bei, dass eine echte Entspannung in diesem Raum kaum möglich war. Da sich die Trigrammbereiche des Schlafzimmers von vornherein energetisch günstig auf den Mann auswirken,

sollte bei der Farbauswahl vor allem das Trigrammelement der Hausherrin sowie das Wasser-Element berücksichtigt werden, das beide Bewohner aus der Sicht der Feng-Shui-Astrologie unterstützt. Aus diesem Grund wurde der Raum in einem zarten Hellblau gestrichen und mit einer apfelgrünen Überlasur versehen, die auf den Hausherrn beruhigend wirkt und die Frau energetisch unterstützt.

Um den Raum zu balancieren, wurden die hellen, freundlichen Wände außerdem mit einer sanften, tiefgründig-dunkelblauen Dekoration versehen.

Schlafzimmer vorher

Schlafzimmer nachher (3)

Arbeitszimmer vorher

Arbeitszimmer nachher (4)

1. Obergeschoss/Norden/Nordosten:

Arbeitszimmer

Auch beim Anblick des Arbeitszimmers ließ sich gut nachvollziehen, warum sich der Eigentümer oft so kraftlos fühlte, wenn er dort arbeitete: Der Arbeitsbereich befand sich im Norden mit Blickrichtung nach Osten, was ihn energetisch schwächte. Und vor sich hatte er das Gästebett und hohe Schränke, die sich förmlich wie ein »Brett vor dem Kopf« vor ihm aufbauten. Zunächst verschwand das Gästebett und der Schreibtisch wurde in den Nordostbereich gestellt, sodass die Energie des Südwestens den Arbeitenden unterstützt. Im zweiten Schritt wurden die Wände in einem zarten Champagnerton gestrichen – eine Farbe, die den Hausherrn ebenfalls energetisch stärkt. Das Arbeitszimmer wurde von allem befreit, was nicht mehr benötigt wurde und so konnten auch einige der hohen Schrank-

elemente entfernt werden. Die verbliebenen halbhohen Regalteile geben ihm jetzt wohltuende Rückendeckung, die durch das querformatige braune Rechteck noch verstärkt wird.

Fazit

»Heute sind wir glücklich mit dem neuen Wohngefühl, das uns jeden Tag mit Freude erfüllt. Manchmal ist es nicht leicht, sich auf den Weg zu machen, obwohl man eigentlich weiß, dass man etwas verändern sollte. Doch als dann der erste Schritt getan war, spürten wir wie befreiend es ist, sich von einigen Dingen zu trennen und dass plötzlich ganz neue Kräfte freigesetzt wurden, nachdem wir die Veränderungen geschaffen hatten, die mit unseren persönlichen Bedürfnissen im Einklang stehen.«

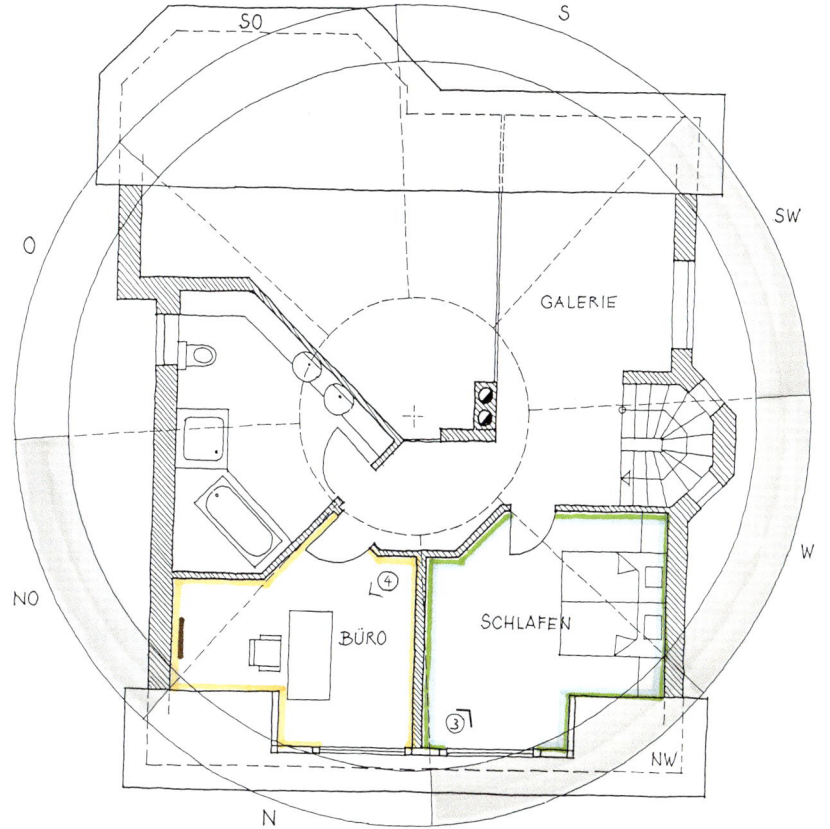

Obergeschoss

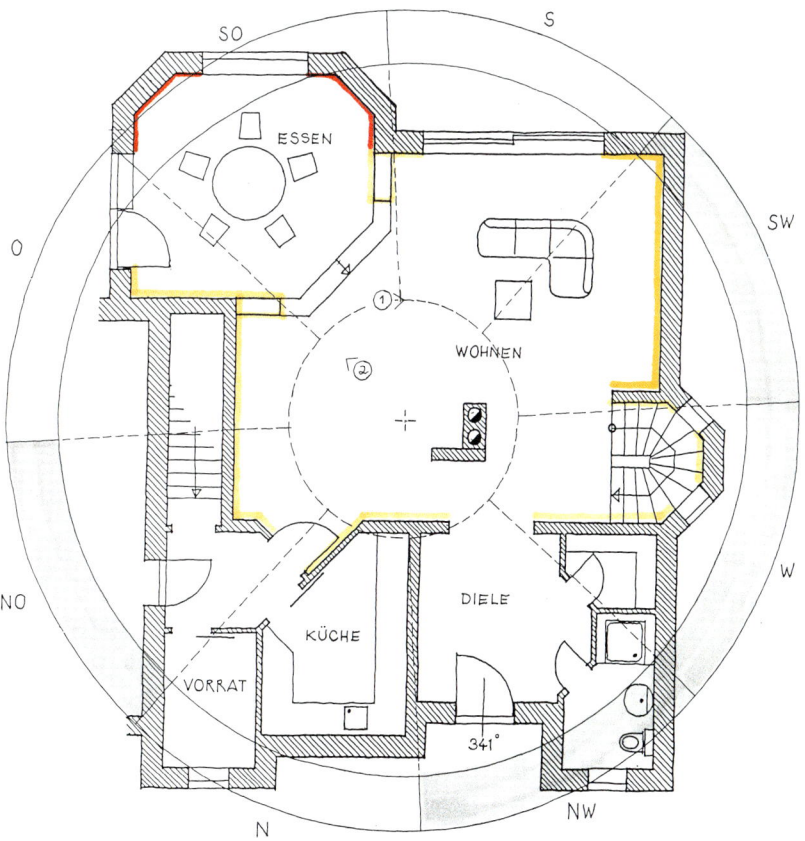

Erdgeschoss

EIGENTUMSWOHNUNG

Köln-Ehrenfeld

Eigentumswohnung
Köln-Ehrenfeld

Trigramm Petra:	CHIEN 6 Westgruppe
Trigramm Andrée:	KEN 8 Westgruppe
Eingang:	304° Nordwest

Ausgangssituation

Die 68 Quadratmeter große Eigentumswohnung liegt im dritten Obergeschoss eines Kölner Stadthauses aus der späten Jugendstilzeit. Der Außenanstrich ist in einem zarten Gelbton gehalten – eine Farbwahl, die bestens zur Erd-Energie des Nordostens passt. Die Straße ist von zahlreichen hohen Ahornbäumen gesäumt und die Bewohner gelangen auf direktem Weg durch einen kleinen, pflegeleichten Vorgarten zum Hauseingang.

Der grün- und brauntonige Anstrich des Treppenhauses ist nicht harmonisch auf den Gesamtcharakter des Hauses abgestimmt. Schon beim Betreten des Hauses werden die Bewohner von einer drückenden und düster wirkenden Atmosphäre eingefangen, die einen starken Kontrast zur lichten, freundlichen Hausfassade bildet – es scheint, als fiele das Atmen hier schwer. Auch der Energiefluss stockt und kann nur mühsam die oberen Etagen erreichen, sodass sich eine energetische Unterversorgung der hier vorgestellten Wohnung ergibt. Verschiedene Gelbtöne mit weißen oder terracottafarbenen Akzenten würden das energetische Niveau des Treppenhauses anheben und ein heiteres, frisches Gesamtbild entstehen lassen. Da aber das Treppenhaus Gemeinschaftseigentum ist, wäre für einen neuen Farbanstrich die mehrheitliche Zustimmung der Eigentümer erforderlich, die bislang nicht erfolgt ist. So blieben die Veränderungen auf die Wohnung beschränkt und mussten auch eine Speichertreppe unberücksichtigt lassen, die über der Wohnungseingangstür bis unter das Dach führt. Dies ist ein weiterer Nachteil, denn damit entsteht beim Ankommenden unweigerlich der Eindruck, der Schräge ausweichen zu müssen, um die Wohnung betreten zu können. Auch der Zeitschriftenstapel an der linken Türseite bindet den Energiefluss und sorgt schon am Eingang für einen Energiestau. Gerade bei einer so schwierigen energetischen Gesamtsituation sollten möglichst keine Stauzonen entstehen, um den Zugang zur Wohnung nicht unnötig zu blockieren.

Die Wohnungseigentümerinnen Petra und Andrée, erfolgreiche Geschäftsfrauen mit einem ausgefüllten Arbeitstag, wünschten sich einen Eingangsbereich, der sie willkommen heißt – ein einladendes Zentrum, das ihnen das Gefühl gibt, nach einem anstrengenden Tag zuerst einmal alles hinter sich lassen und wieder bei sich selbst ankommen zu können. Auch sollte die Ausrichtung der Betten überdacht werden, da sich die Frauen morgens nicht ausgeschlafen fühlten.

Umsetzung
Nordwesten:

Diele

Der Bereich des Nordwestens ist für die Bewohnerinnen ein kraftvoller Bereich, der sie positiv unterstützen kann. Allerdings ließen die weißen Wände den Eingangsbereich unterkühlt und abweisend erscheinen: Da Weiß zum Metall-Element gehört

Hausfassade / Wohnungseingang (1)

EIGENTUMSWOHNUNG

und Metall energetisch zusammenziehend wirkt, konnte in der Diele auch kein Gefühl von Leichtigkeit und »Willkommen-Sein« entstehen. Eine frei stehende Garderobenstange trug außerdem wesentlich dazu bei, dass der Zugang zur Wohnung verstellt und der Energiefluss gestaut wurde, ebenso die Kofferablage über der Tür, die das Gefühl der Enge am Eingang noch verstärkte.

Die ersten Lösungsansätze fanden sich, indem die Flurwände in einem zarten, warmen Gelb gestrichen wurden. Dieser Erdton stärkt einerseits die Bewohnerinnen und unterstreicht andererseits mit seiner beruhigenden Energie den Charakter der Diele als Sammlungsort. Gleichzeitig wird der Bereich des Nordwestens durch das Erd-Element aktiviert.

Diele vorher

Da ein Garderobenschrank unverzichtbar war, wurde zuerst der gesamte Garderobenbestand gesichtet und auf die wesentlichen Bestandteile reduziert. Bald fand sich als Ersatz für die Kleiderstange ein chinesischer Schrank, der nun mit seinem kräftigen Rotbraun das Energieniveau in der Diele anhebt. Trotz seiner Größe fügt er sich harmonisch in die Diele, da das Gelb der Wände seine Erdfarbe angenehm auffängt und ableitet. Vermittelte der offene Garderobenständer zudem den Eindruck, dass die Bewohnerinnen jeden Augenblick die Wohnung verlassen würden, manifestiert der Schrank nun die Absicht zu bleiben.

Darüber hinaus sollte die Kofferablage über der Tür optisch verschönert werden, um die zentrumsbildende Atmosphäre des Eingangs zu fördern. Dafür wurden die weißen Jalousien gegen farbig lackierte Holztüren ausgetauscht. Jetzt gibt die goldfarbene Kuppel dem Eingang eine geschlossene Form und nimmt durch ihre dachähnliche Wölbung den Druck nach unten.

Die rotbraune Fläche ist dem Farbton des Schranks angeglichen. Auf diese Weise stehen die beiden Objekte in einem Dialog, der die Diele belebt und ihr gleichzeitig eine innere Festigkeit verleiht.

Objekt	Form	Farbe	Material	Element
Nordwesten				Metall
Schrank	quadratisch			Erde
		Rotbraun		Feuer / Erde
Kreisapplikation	rund	Gold	Messing	Metall

Diele nachher (2)

Esszimmer mit Wandbild (3)

Südosten / Süden:

Esszimmer

Hier wurde die für die Bewohnerinnen unruhige Energieschwingung des Südostens durch ein rotgrundiges Wandbild in Form eines alten chinesischen Paravents ausgeglichen. Diese Veränderung hatte zur Folge, dass sie ihre Mahlzeiten heute entspannt und mit mehr Muße genießen können.

Nordosten / Osten:

Schlafzimmer

Die Atmosphäre dieses Bereichs ist durch champagnerfarbene Wände und rote Akzente wie Bettüberwurf und Garderobenstühle geprägt. Hier hatte das Paar intuitiv die richtige Wahl getroffen, denn diese Farben leiten den Osten sanft ab, unterstreichen gleichzeitig die Energie des Nordostens und stärken ihre persönlichen Trigrammelemente. Nur die Bettposition musste verändert werden: Schliefen die Bewohnerinnen bisher mit dem Kopf Richtung Osten, zeigt die Schlafausrichtung heute Richtung Südwesten. Diese geringfügige Änderung trug dazu bei, dass beide Frauen den Schlafbereich heute als viel stimmiger und in sich geschlossener empfinden, sodass ihr Wohlbefinden erheblich zugenommen hat.

Fazit

»Jedes Mal, wenn ich von der Arbeit nach Hause komme, spüre ich eine stille Freude«, stellte Andrée einige Monate nach der Beratung fest. »Jahrelang bin ich möglichst schnell durch die Diele gegangen, um nicht immer wieder den inneren Druck des Verändern-Wollens in mir aufkommen zu lassen. Heute fühlen wir uns hier wirklich zu Hause und ich freue mich schon auf all die Dinge, die wir gerne noch ändern wollen. Unsere Wohnung erscheint mir plötzlich größer und hat jetzt eine innere Geschlossenheit. Die Kraft, die ich habe, seitdem ich endlich wieder gut schlafe, ist all die Mühe wert gewesen, und irgendwie gehe ich jetzt auch mit mehr Freude zur Arbeit. Ich bin froh, dass wir endlich den Mut für Veränderungen gefunden haben. Die Zeit war wohl reif.«

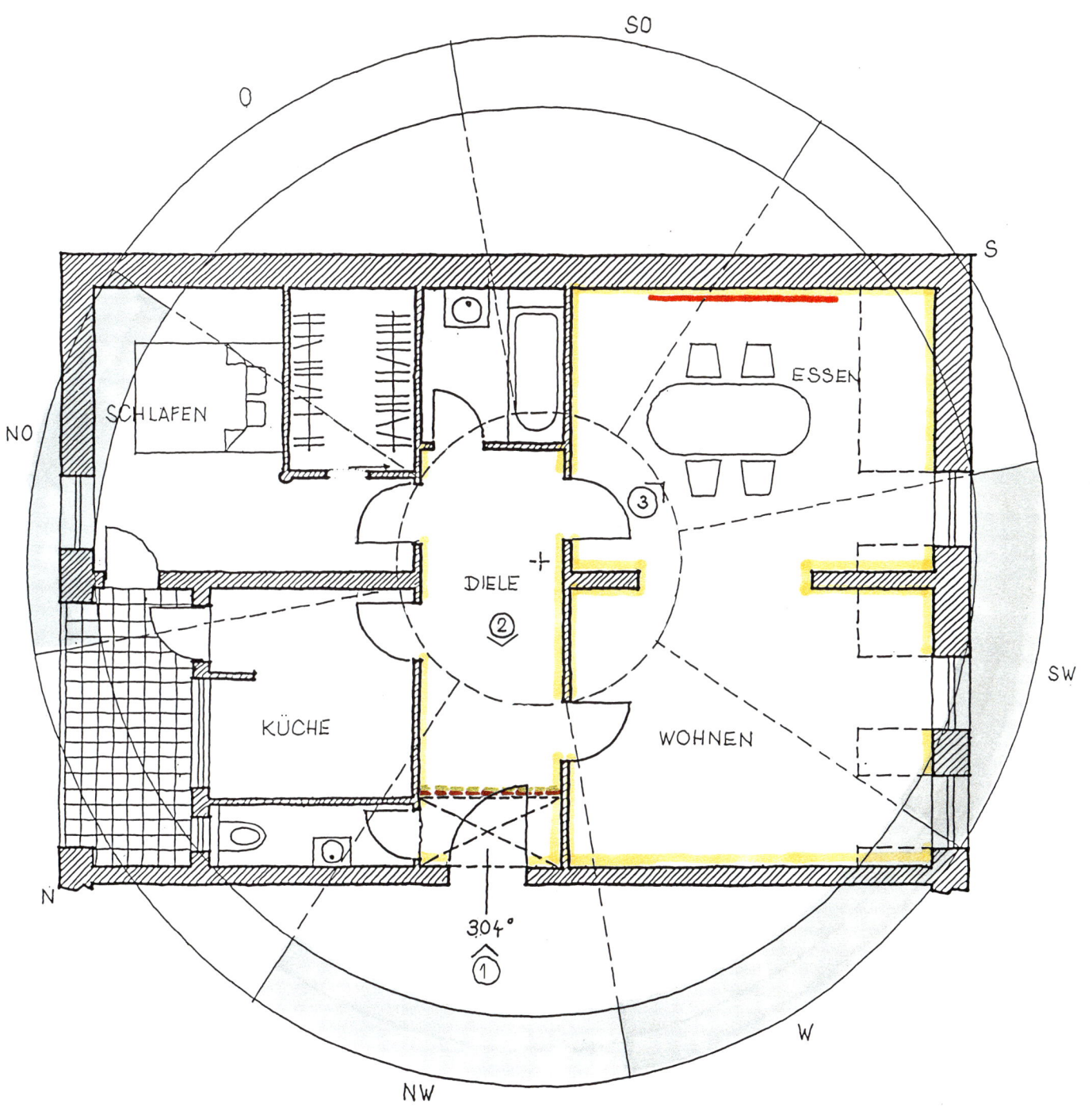

SO

O

S

NO

SW

SCHLAFEN

ESSEN

DIELE

③

②

KÜCHE

WOHNEN

N

304°

⌂①

NW

W

BÜRO

Kulmbach

<table>
<tr><td>Büro
Kulmbach</td><td>Trigramm Geschäftsführer:
Eingang:</td><td>KUN 2 Westgruppe
199° Süd</td></tr>
</table>

Ausgangssituation

Das etwa 30 Quadratmeter große Büro eines der Hauptgeschäftsführer eines süddeutschen Unternehmens sollte umgestaltet werden. Der ehemalige Geschäftsführer war in den Ruhestand getreten und so wurde das Büro für den Nachfolger frei.

Bei der Umgestaltung mussten die Einbauschränke am Eingang erhalten bleiben, da das hochwertige Mobiliar erst einige Jahre zuvor eingebaut worden war. Auch das Sideboard, der Schreibtisch und der blaue Teppichboden sollten nach dem Personalwechsel Bestandteile des Büros bleiben.

Der neue Geschäftsführer fühlte sich in dem von Schwarz, Weiß und Blau dominierten Zimmer allerdings nicht wohl und hatte das Gefühl, als ob der Raum an seinen Kräften zehrte,

was angesichts der Yin-Lastigkeit der Farben, Formen und Materialien auch durchaus nachvollziehbar war. Und obwohl der Nordosten für Menschen der Westgruppe eigentlich ein günstiger Bereich ist, musste die Überfülle des Wasser-Elements wie auch die drückende Energie der dunklen Schrankwand am Eingang des Büros den neuen Geschäftsführer erheblich schwächen.

Als Mensch mit einem klaren Blick für firmenpolitische Belange und einem ebenso feinen Gespür für die Bedürfnisse seiner Mitarbeiter fehlten ihm in diesem Raum Elemente, die sein Trigrammelement Erde unterstützen. Gleichzeitig mussten Objekte mit Yang-Charakter im Raum installiert werden, um das Yin-Übergewicht auszugleichen.

Objekt	Form	Farbe	Material	Element
Schrankwand		Schwarz		Wasser / Yin
Sideboard		Schwarz		Wasser / Yin
Wandfarbe		Weiß		Metall / Yin
Vorhänge		Weiß / Lila / Schwarz		Metall / Wasser / Yin
Schreibtisch		Schwarz		Wasser / Yin
Tisch / Stühle		Schwarz		Wasser / Yin
Teppichboden		Mittelblau		Wasser / Yin

Umsetzung

Zuerst wurde der Schreibtisch des Geschäftsführers so ausgerichtet, dass sein Blick während der Arbeit in eine für ihn günstige Himmelsrichtung fällt: Er wird nun vom Nordosten unterstützt, da alle anderen Richtungen ungünstig für ihn sind. Um das dominierende Wasser-Element einzudämmen und gleichzeitig das Feuer-Element im Raum zu stärken, sollte die Wand

hinter dem Schreibtisch in einem Rotton vollflächig gestrichen werden. Aus einer Vielzahl hoch energetischer LC-Mineralfarben wählte der Kunde den für ihn passenden Farbton aus, der bis 5 Zentimeter vor dem Wandende bzw. dem Boden- und Deckenanfang in Lemniskaten (liegenden Achten) verdichtend aufgetragen wurde – entsprechend dem Prinzip, kräftige Farben nicht bis in die Ecken hineinzustreichen, da sie sonst leicht ihre Farbimpulse auf die Nachbarwände übertragen. Durch die Eingrenzung der Rotfläche erhält die Wand einen sanfteren, bildhaften Charakter, und die Farbe verleiht dem Raum mit ihrer Lebendigkeit nicht nur Wärme und Kraft, sondern hat auch durch die Art des Farbauftrags eine stark ausgleichende Wirkung. Dem Vorschlag, die übrigen Bürowände in zartem Gelb zu streichen, folgte der Kunde zunächst nur zögerlich. Erst als er spürte, dass das Rot in einem zu starken Kontrast zu den weißen Wänden stand, ließ er sich auf den Gelbton ein. Dadurch wirkte die rote Wand sofort weicher, da die scharfe Grenzziehung zwischen Weiß und Rot aufgehoben wurde, was an dem inneren Schwin-

gungsmuster der Elemente liegt: Rot – Weiß stehen im Elementekonflikt Feuer – Metall, während bei Rot – Gelb die Elementeharmonie Feuer – Erde vorliegt, die sich angenehm auf die Raumatmosphäre auswirkt. Gleichzeitig wird durch das Gelb das übergewichtige Wasser-Element des schwarzen Sideboards in seiner Wirkung reduziert. Im nächsten Schritt wurden die bestehenden Vorhänge gegen silbergraue Seidenvorhänge ausgetauscht, die nun eine harmonische Verbindung zum blauen Teppichboden herstellen. Eine Grünpflanze, die den Geschäftsführer seit Jahren begleitet, bringt zudem die aufsteigende Dynamik des Holz-Elements in diesen Bereich, und ein kleines Metallobjekt rundet den Zyklus der fünf Elemente schließlich ab.

Objekt	Form	Farbe	Material	Element
Wand		Rot	LC-Mineralfarbe	Feuer / Yang
angrenzende Wände		Gelb		Erde / Yang
Sidebord matt		Schwarz		Wasser / Yin Yin
Teppichboden		Blau		Wasser / Yin
Schreibtisch matt		Schwarz		Wasser / Yin Yin
Pflanze		Grün		Holz / Yang
Metallobjekt glänzend		Gold	Metall	Metall / Yin Yang

Büro vorher

Büro: Erste Veränderung

Schrankwand vorher

Schrankwand nachher (2)

Die eingebaute Schrankwand hat viele Änderungsvorschläge hinnehmen müssen, die von der Vielfarbigkeit bis zur einfarbigen Gestaltung einzelner Schrankflächen reichen – in jedem Fall sollte eine zurückhaltende, gleichzeitig aber auch ausdrucksstarke Veränderung stattfinden. Der Vorschlag, einzelne Schrankelemente mit Blattgold zu belegen, fand schließlich die größte Zustimmung. Das sanfte Schimmern des Blattgolds stellt eine gute Balance zum matten Schwarz der Schrankwände dar. Da dem Metall-Element sammelnde und zentrierende Fähigkeiten zugeschrieben werden, helfen hier sowohl das Material als auch die Kreisform, die Energien im Eingangsbereich zu sammeln und zu stabilisieren.

Fazit

Die Veränderungen haben bei dem Betreffenden zu einer deutlichen Entspannung am Arbeitsplatz geführt. Er spürt, »dass seine Kräfte wieder ins Fließen kommen« und er gut arbeiten kann, während er zuvor das Gefühl hatte, der Raum würde ihm die Energie rauben, die er zur Bewältigung seiner Aufgaben braucht. Auffallend ist, dass auch seine Mitarbeiter heute gerne bei ihm vorbeischauen und die Gespräche größtenteils sehr entspannt verlaufen. Die meisten Kollegen empfinden die Veränderungen als so positiv, dass sie oft länger bleiben als eigentlich geplant.

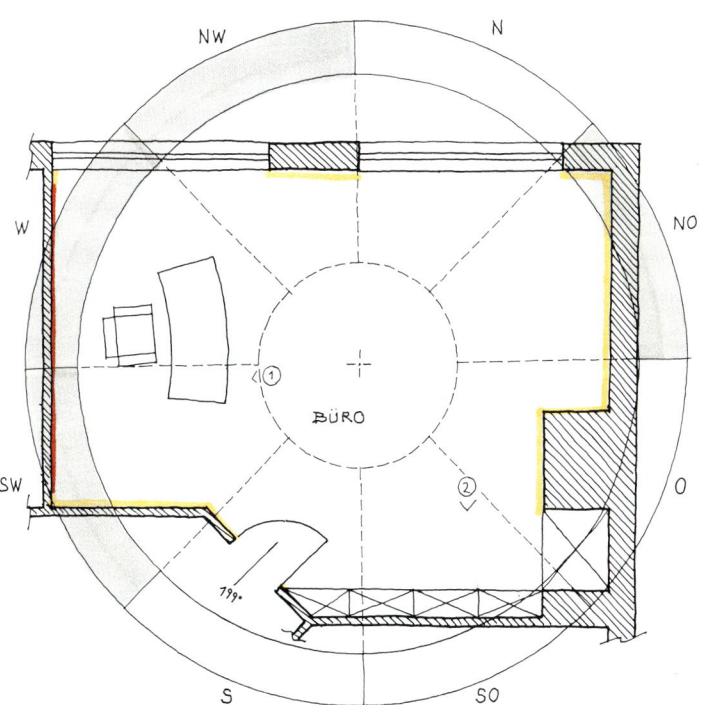

EINFAMILIENHAUS
Chiemsee

Einfamilienhaus	Trigramm Mann:	SUN 4 Ostgruppe
Chiemsee	Trigramm Frau:	SUN 4 Ostgruppe
	Eingang:	167° Süd

Ausgangssituation

Bei diesem Projekt ging es um die Gestaltung eines Einfamilienhauses am Chiemsee. Seine Bewohner, eine fünfköpfige Familie, wünschten sich einen Lebensraum, dessen Farbkompositionen, Wandflächen und architektonische Formensprache Geschichten vom Leben erzählen: Geschichten von Weite und Enge, von wohlig Wärmendem und distanziert Kühlem, von edlem Design und Ursprünglichem, von Konkretem und Imaginärem, aber auch Geschichten vom Geben und Nehmen, von »ich« und »wir«, von Schmerz und elementaren Sinnesfreuden, von Mann und Frau, vom Leben zwischen den beiden Polaritäten Yin und Yang.

Das Paar beauftragte Johannes Klinger, einen der angesehensten deutschen Wandgestalter, mit der Gestaltung ihres Wohnhauses. Klinger gehört zu den Künstlern, die in hohem Maße intuitiv die subtilen energetischen Schwingungen der einzelnen Himmelsrichtungen aufnehmen können, um dann im ständigen Dialog mit ihnen eine auf den jeweiligen Kunden individuell abgestimmte Erlebniswelt zu gestalten.

»Verbunden mit der Dynamik von Licht und Form besteht meine Arbeit zunächst in der Modulation und Transformation des Raums mithilfe der Farbe. Es ist ein Streben nach der Einfachheit des Wesentlichen. Dabei arbeiten wir an den Strukturen und Bildern, die der Wand fast Verlorengegangenes wieder zurückgeben: ihren Charakter, ihre Verzauberung und letztlich ihr ›Geheimnis‹.« Johannes Klinger

Süden:
Eingangsbereich

Beim Betreten des Eingangsbereichs wird man von der angenehmen Weite des Raums empfangen. Hier hat man die Möglichkeit anzukommen, doch aufgenommen ist man deshalb noch lange nicht – die Kühle der weiß-blauen Farbgebung setzt hier eindeutige Signale.

Und doch – bei näherer Betrachtung lässt die schmale Aussparung im oberen Wandabschnitt links des Eingangs bereits die wärmende Atmosphäre des Esszimmers erahnen. Der Farbauftrag der Dielenwände lässt den Ankommenden nicht allein, sondern beginnt im Zusammenspiel mit den weißen Wandflächen einen Gedankenaustausch zwischen Mitteilsamkeit und stiller Distanziertheit.

Esszimmer (1)   Diele vom Wohnzimmer aus (2)

Südwesten:
Ess- und Wohnbereich

Die nährende Schwingung des Südwestens fördert Genuss und Sinnesfreuden und wird durch die brauntonigen Bodenfliesen, gelb-orangefarben lasierte Wände und die orangefarbene Dekoration an den Fenstern aktiviert. Der halbhohe weiße Geschirrschrank mit seinen Metalleinfassungen sorgt für die nötige energetische Balance, indem er als drittes Element die starken Erde- und Feuer-Energien reduziert.

Auf dem Weg vom Esszimmer in Richtung Wohnzimmer entsteht ein dynamisches Spannungsfeld: Während die schmale, hoch aufgeschossene Form des Esszimmerdurchgangs auf zielgerichtetes Wachstum und Entwicklung hinweist, symbolisiert der gegenüberliegende Durchgang in seiner unregelmäßigen Formgebung das ewige Wechselspiel von gebender männlicher Energie und empfangender weiblicher Energie – in ihrer Andersartigkeit eine gelungene Ergänzung, denn mit ihrem unperfekten Erscheinungsbild tragen sie viel zur Entkrampfung bei, die durch den Perfektionsanspruch so oft entsteht.

Wohnzimmerdurchgang (2)

Nordosten:
Wohnbereich

Das Nordosten steht für die schwere, dunkle Erde, die innerhalb des Ba'Guas mit dem Wissen verbunden ist. Hier ragt ein mehrere Meter hohes Bücherregal bis in den Dachgiebel hinauf, und um den Kamin versammeln sich abends gerne Familie und Freunde.

Kaminzimmer (4)

Die angedeuteten Reste einer älteren, nahezu verschwundenen Malerei und der stilisierte Sonnenauf- und -untergang tragen den Aspekt der Vergänglichkeit in sich. Die aufgebrochenen Wandstrukturen wirken auf die Fantasie des Betrachters wie Traumpfade hin zu verborgenen Geheimnissen, die es in sich zu entdecken gilt.

Wandmalerei mit rotem Sessel (5)

Nordosten/Osten:
Atelier

Die Treppe im Atelier ist mit einem kaminroten Farbanstrich versehen – durch das Feuer-Element wird so eine Verbindung zwischen dem Erd-Element des Nordostens und dem Holz-Element des Ostens hergestellt.

Rote Treppe ins Atelier (6)

Westen:
Küche

Die heitere Atmosphäre der Küche entsteht durch ein vielschichtiges Mandarinorange, wobei die Edelstahlobjekte die nährende Elementefolge Erde – Metall harmonisch ergänzen. Um die Energie des Erd-Elements nicht übermächtig werden zu lassen, wurde nach Norden hin ein energetisches Spannungsfeld zwischen dem kühlen, harten Metall und dem warmen, grün lasierten Weichholz geschaffen.

Richtung Osten besticht die Harmonie zwischen den Elementen Metall, Wasser und Holz. Gekonnt wurde hier das Spiel mit den Polaritäten inszeniert, indem glatte, glänzende Oberflächen mit matten, offenporig lasierten Oberflächen abwechseln.

Küche (7)

Detail Küche (8)

Einer der Wege zur Haustür führt durch einen schmalen Gang, der von zwei lindgrünen Wänden flankiert wird. Ihre aufgeritzte Oberfläche symbolisiert Verletztheit, doch die Bereitschaft zum Dialog wird schon durch die an der Wand aufgebrachten Buchstaben angedeutet und auch der verbindende Metallbogen nährt die Hoffnung auf Versöhnung. Doch erst mit dem blauen Rechteck, das Festgefahrenes auflöst und diesem Bereich ein Stück Leichtigkeit zurückgibt, wird wieder ein harmonisierender Zyklus aufgebaut.

Durchgang zur Diele (9)

Obergeschoss/Westen:

Badezimmer

Dieses ungewöhnliche Badezimmer, in dem die Elemente Erde, Metall und Wasser vorherrschen, besticht durch sein facettenreiches Formenspiel. Der Luxus dieses Raums liegt nicht in der Verwendung einer teuren Ausstattung, sondern in der Üppigkeit von Malkonzepten, die eine Atmosphäre der Einzigartigkeit entstehen lassen. Hier wird der Mensch in besonderer Weise durch die Gestaltung des Raums emotionalisiert, indem er von wenigen, ihm vertrauten Formen umgeben ist.

Der archaisch anmutende Mosaikboden entstand aus unzähligen Marmorstücken der unterschiedlichsten Sorten und Färbungen. Jedes einzelne Teil passt sich trotz seiner polygonalen Form stimmig in das große Ganze ein und wird so zu einem unentbehrlichen Bestandteil der Komposition. Die sparsam verwendeten braunen Granitstücke und die weißen Granitfelder des Bodens fördern das Metallelement des Westens und stärken durch ihre gegenläufige, bewegte Formgebung die Yang-Dynamik in einem ansonsten eher Yin-lastigen Baderaum.

Badezimmer (10)

Die glatten Wände mit den fließenden Farbverläufen stehen im Wechselspiel mit den scharf umrissenen Formen der Granitsegmente und kontrastieren mit der strengen, rhythmischen Ordnung der Rechtecke. Die Holzenergie der grünen Wandlasur gibt dem Bad im Zusammenspiel mit der Feuer-Energie des Lichts die wärmende Balance.

Da bewusst keine Fliesen verwendet wurden, entstand ein halbrunder Duschturm, der sich durch seine Bemalung wirkungsvoll, aber zurückhaltend in Szene setzt. Die fließenden Strukturen der Malerei bilden mit dem Wasser-Element des Duschbereichs eine Einheit und werden durch die gegenüberliegenden Rechtecke begrenzt und gehalten.

Die nötigen Utensilien für den Baderaum sind griffbereit im hinteren Teil des Duschturms in filigranen Glasregalen untergebracht.

Waschtisch (11)

Ausschnitt Badezimmer (12)

Fazit

Diese »Wohlfühlräume« bestechen gleichermaßen durch ihre energetische Kraft und innere Harmonie wie auch durch ihre Poesie. Sie leben mit den Bewohnern und die Bewohner mit ihnen, hier fühlt sich jeder als Teil des anderen. Die stimmige, innere Kraft dieses Lebensraums unterstützt wesentlich den innigen Zusammenhalt dieser Familie. Und es ist diese innere Stärke, die dann auch positive Impulse nach außen sendet und wesentlichen Anteil am beruflichen Erfolg dieser Familie hat.

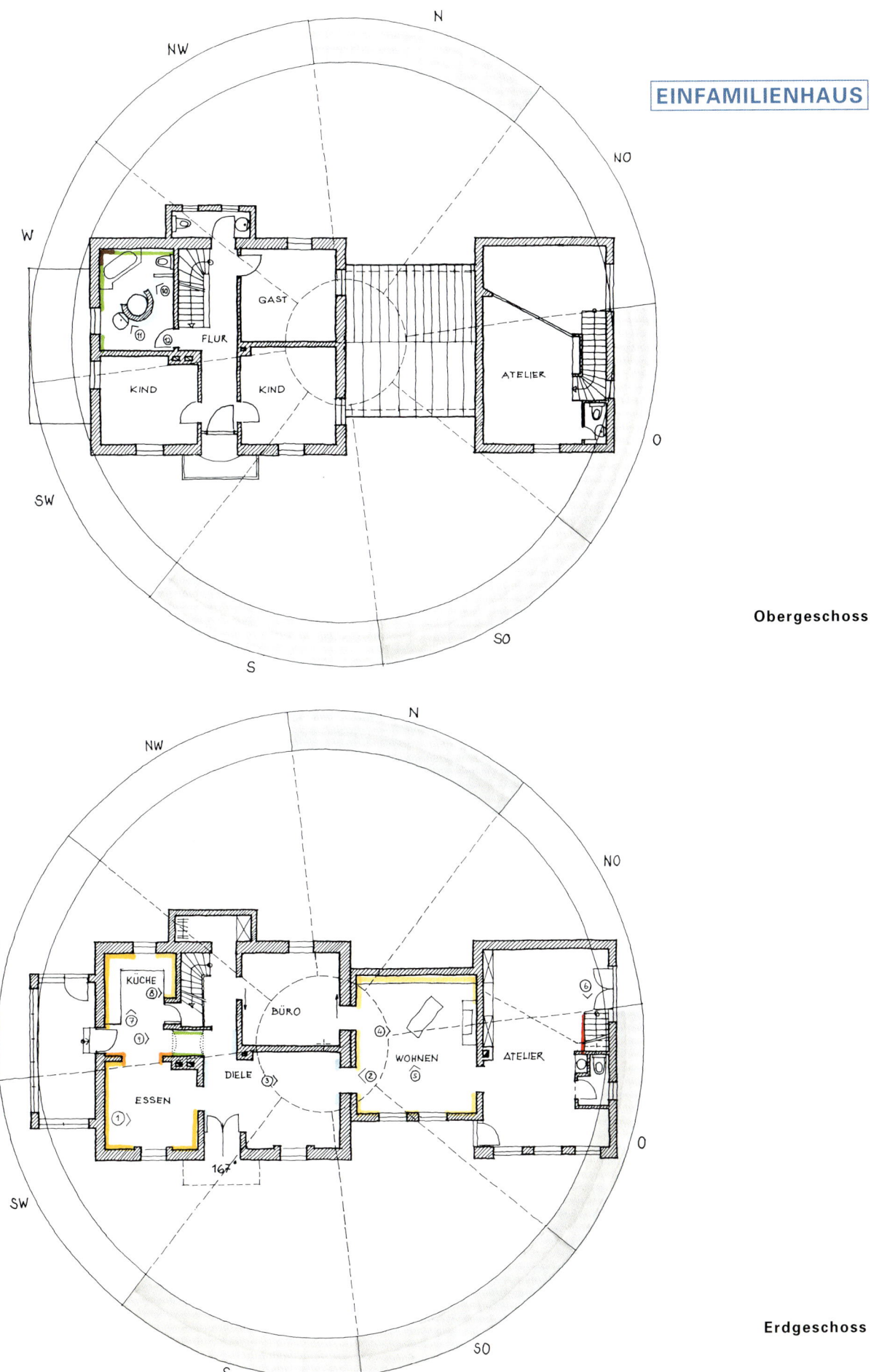

Obergeschoss

Erdgeschoss

Fitnessclub »Ascot«
Köln

Haustrigramm:	TUI 7 Westgruppe
Sitzposition:	Westen
Blickrichtung:	Osten
Eingang:	88° Ost

Ausgangssituation

Es gibt sie noch, die scheinbar unauffälligen Kleinode unter den Fitnessstudios, zu denen auch der Ascot Fitness and Health Club in einem denkmalgeschützten Kellergewölbe in der Kölner Innenstadt gehört. Hier werden seit vielen Jahren zahlreiche Trainingsmöglichkeiten zur Gesundwerdung und Gesunderhaltung angeboten.
Nach der Übernahme des Fitnessclubs vor sechs Jahren war es den Betreibern wichtig, ihn mit möglichst kleinen Veränderungen noch attraktiver zu gestalten. Durch ihre blauweiße Farbgebung wirkten die Räume sachlich und unterkühlt. Eine neue Farbgebung sollte weichere Akzente setzen und eine heitere Atmosphäre schaffen. Kraftvolle Bereiche, die es zu aktivieren

galt, waren der Nordosten, Nordwesten, Westen und Südwesten, während die energetisch unruhigen Bereiche Osten, Südosten, Süden und Norden abgeleitet werden mussten. Erste Veränderungen erfolgten durch die Neugestaltung des Flyers, wobei die positive Resonanz seitens der Kunden auch die Skeptiker unter den Clubbetreibern von der Wirksamkeit der Feng-Shui-Prinzipien überzeugen konnte.
Die Umsetzung erfolgte schrittweise und bis heute sind noch nicht alle Vorschläge verwirklicht, sodass weitere geplante Veränderungen vorerst nur anhand von Zeichnungen demonstriert werden können.

Umsetzung

Nordosten: Eingangsbereich

Die mächtigen Steine der Außenmauern, das Fenster über dem Eingang und das Firmenschild erweckten den Eindruck, als drückten sie den Zugang zum Studio zusammen. Dazu kommt die träge Erd-Energie des Nordostens, die den Eindruck des Beschwerlichen noch verstärkt. Die Ausrichtung der Tür nach Osten sorgt zudem für Unruhe und musste ausbalanciert werden. Mithilfe von Blumentöpfen und einer immergrünen Bepflanzung wurde der Eingang optisch erweitert. Der Türrahmen wurde in einem schmeichelnden Terracotta-Rot gestrichen, sodass die Tür heute viel lebendiger wirkt und mit ihrer energetischen Ausrichtung nach oben den Abstieg nach unten in das Kellergewölbe ausgleicht. Außerdem besänftigt das Rot den Osten und stellt die Verbindung zum Bereich des Nordostens her.

Empfangs- und Kommunikationsbereich (4)   Eingang (1)

Objekt	Form	Farbe	Material	Element
Eingang Ost		Terracotta-Rot		Feuer / Erde (ableiten)
Eingang Nordostbereich		Terracotta-Rot		Feuer / Erde (unterstützen / aktivieren)

Treppenabgang vorher

Treppenabgang nachher (2)

Mit Farben sollte der Zugang zum Fitnessstudio energetisiert werden. So hebt jetzt das grüne Halbrund auf dem Sturz hinter dem Eingang die bauseitig bedingte drückende Energie weitgehend auf, indem es den Zugang weich nach oben hin öffnet, während das Grün als Holz-Element die aufwärts strebende Dynamik unterstützt. In Verbindung mit einem rotbraunen Teppichboden und dem gleichfarbigen Treppengeländer dynamisiert es die Energie des Erd-Elements und bringt den notwendigen Yang-Ausgleich in das Kellergewölbe.

Der Treppenabgang wurde zudem mit Fotos aus dem Studio dekoriert, damit der Interessent schon beim Hinuntergehen einen ersten Eindruck von der Gestaltung des Studios bekommt. Die künstlichen Pflanzen stehen für die mit Wachstum verbundene Holz-Energie. Beim Betreten des Empfangs- und Kommunikationsbereichs fallen heute sofort die grünen Bögen über den Durchgängen auf.

Überall dort, wo durch die niedrigen Stürze des alten Kellergewölbes die Energie bislang zu stark nach unten gedrückt wurde, bilden die Bögen nun das ausgleichende Gegengewicht und assoziieren Wachstum, Entwicklung und Leichtigkeit, während das warme, frische Grün einen angenehmen Ausgleich zu der Kühle des Bodens schafft.

Norden:

Trainingsbereich

Da die Trainingsgeräte in diesem Bereich gerne frequentiert werden, entstehen hier häufig angeregte Gespräche. Um dieser Zone eine wohltuende, sanfte Wärme zu verleihen und die Energie des Sammelns und Bewahrens zu unterstreichen, wurde der Bereich teilweise in einem stabilisierenden Braun gestrichen. Dadurch wird die unruhige, transparent wirkende Metallfläche der Klimaanlage ausgeglichen und gleichzeitig der Norden durch das Erd-Element beruhigt.

Trainingsbereich (6)

Objekt	Form	Farbe	Material	Element
Rechteck langgestreckt	Erde	Braun		Erde

Nordosten:

Trainingsbereich

Stellt auf der einen Seite die farbliche Gestaltung eine Abgrenzung und Stabilisierung des Fitnessbereichs dar, sollen an der gegenüberliegenden Seite die starren, raumgreifenden Konturen der beiden Säulen durch einen apricotfarbenen Anstrich aufgebrochen werden. Auf diese Weise wird der Durchgangsbereich energetisch aktiviert und der mittlere Trainingsraum erhält durch den Feuer-Erde-Dialog eine größere Geschlossenheit.

Trainingsbereich (5)

Osten:

Kommunikationsbereich

Der gesamte Bereich sollte geschlossener gestaltet und die in dieser Zone so wichtige Gesprächsbereitschaft durch eine passende Farbgebung gefördert werden. Daher wurden hier beschwingte grüntonige Streifenmuster raffiniert auf den Zyklus der fünf Elemente abgestimmt. Jetzt bestimmen die Elemente Wasser, Holz und Feuer das gestalterische Gesamtbild des Kommunikationsbereichs, wobei der ultramarinblaue Durchgang dem Tischbereich einen besonderen Akzent verleiht.
Die weißen Wand- und Bodenflächen und die metallische Verkleidung der Klimaanlage mit ihrer horizontalen Form runden hier mit ihren Erde-und Metall-Energien den Zyklus der fünf Elemente ab.

Kommunikationsbereich (3)

Zur Auflockerung des gesamten Studios wurden außerdem künstliche Pflanzen aufgestellt, um die Ecken zu beleben und unangenehme Kanten zu entschärfen. Durch ihre aufwärts strebende Dynamik wirken sie zudem der Schwere des Tonnengewölbes entgegen.
Auch die Fußbodenmuster wurden aus ihren starren Strukturen gelöst und durch eine Neuanordnung so verändert, dass der Raum eine spürbar belebende Großzügigkeit erfuhr.

Südosten/Osten:

Gymnastikbereich

Dieser Bereich, in dem der von den Krankenkassen geförderte Trainingsunterricht stattfindet, wirkte durch die einseitige Yin-Betonung aufgrund der Farben des Wasser- und Metall-Elements stets unterkühlt. Erst durch einen zarten, gelben Farbanstrich erhielt der Raum seine sonnige, wärmende Kraft, die gleichzeitig auch die unruhigen Energieströme des Ostens und Südostens reduziert.

Gymnastikraum (6)

Fazit

Die Umgestaltung des Fitnessclubs hat zu einer deutlichen Belebung des Arbeitsklimas geführt, was sich auch an den positiven Rückmeldungen der Kunden ablesen lässt. »Plötzlich wirkt alles viel freundlicher und irgendwie heiterer«, so der Kommentar eines langjährigen Mitglieds zu den Veränderungen. Das ungewöhnliche Ambiente, verbunden mit seriösen Gesundheitsprogrammen und qualifizierter Betreuung, hat sich inzwischen herumgesprochen, sodass auch der geschäftliche Erfolg erheblich zugenommen hat.

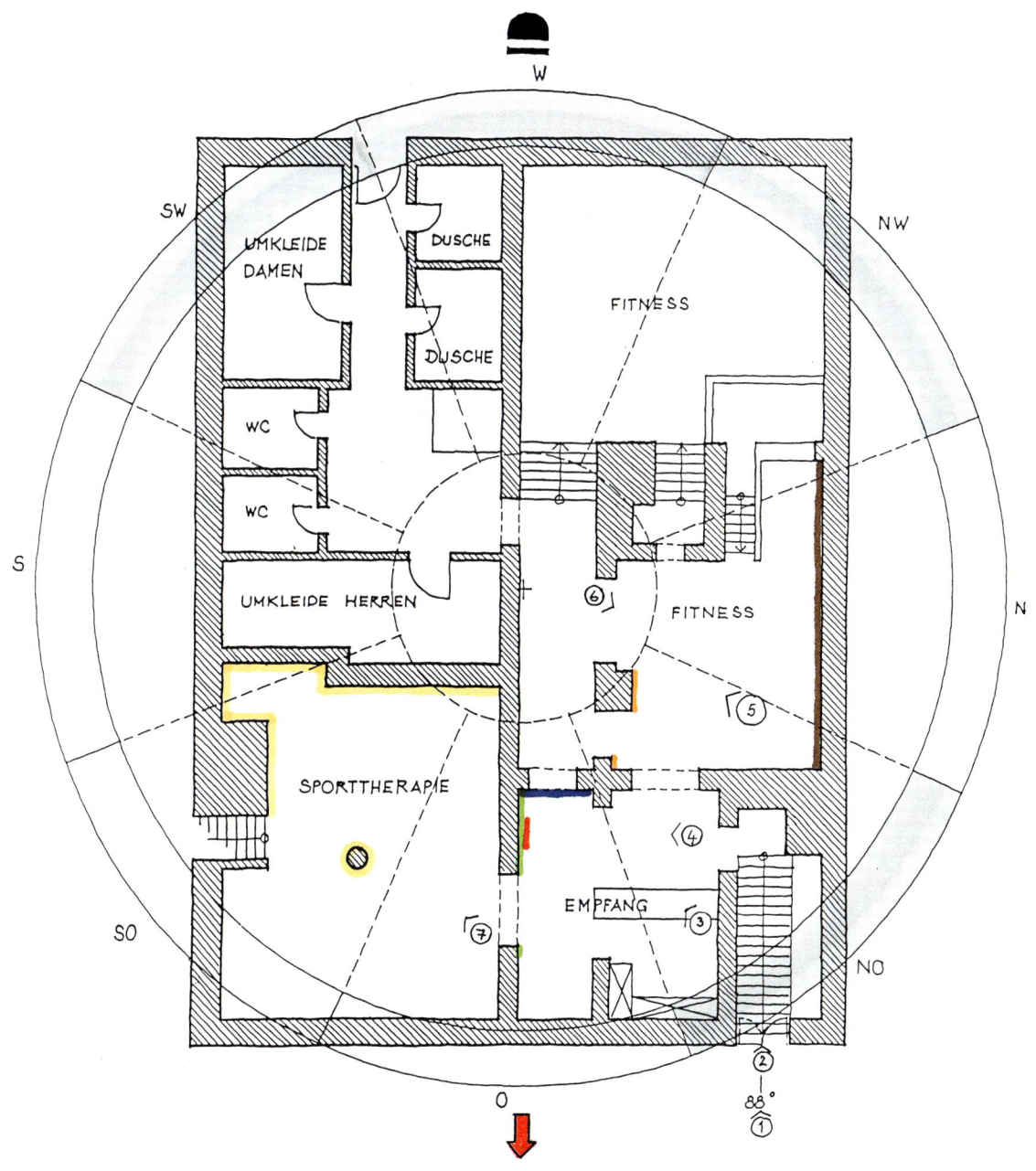

KINDERZIMMER
Hamburg

Kinderzimmer
Hamburg

Trigramm des Kindes:	CHEN 3 Ostgruppe
Eingang:	347° Nord

Schwerpunkt dieses Projekts ist die Gestaltung eines Kinderzimmers im Dachgeschoss einer charmanten Jugendstilvilla am Stadtrand von Hamburg. Allerdings ist die Familie inzwischen nach Spanien gezogen und das Haus wurde von den neuen Besitzern komplett renoviert, sodass in diesem Fall keine Fotos vorliegen und die Veränderungen durch eine Illustration veranschaulicht werden.

Ausgangssituation

Zunächst ging es um die Frage, welches der im hinteren Bereich der Wohnung liegenden Räume als Kinderzimmer für die damals sechsjährige Tochter geeignet wäre. Da das Trigramm des Mädchens mit dem Bereich des Ostens harmoniert, fiel die Entscheidung hinsichtlich des Standorts leicht. Auch das Bett wurde in einer für das Kind günstigen Schlafrichtung gen Osten positioniert.

Bei der Auswahl wurde außerdem berücksichtigt, dass Kinderzimmer im Bereich ansteigender Energien – Osten und Südosten – günstig sind, da ihre energetischen Schwingungen das kindliche Wachstum unterstützen.

Der Nachteil des Zimmers war allerdings die Dachschräge. Solche Schrägen geben zwar das Gefühl von Geborgenheit, was vor allem bei Kleinkindern wünschenswert ist, können jedoch bei älteren Kinder schnell zu einer beklemmenden Enge werden, was nicht selten zu unruhigem Schlaf und Bettflucht führt. In diesem Fall wurde das Engegefühl noch durch die schweren dunkelbraunen Holzpaneele verstärkt, die entlang der Dachschräge verliefen.

Umsetzung

Zunächst wurde die dunkle Holzvertäfelung in drei Schichten mit einem freundlichen hellblauen Farbton lasiert und der noch feuchte Anstrich an einigen Stellen mit Weiß aufgehellt, wobei die mit einem Naturschwamm rhythmisch aufgetragene Farbe ein weiches Wolkenmuster entstehen ließ. Durch das Hellblau wurde die Dachschräge energetisch geweitet, ohne dass ein Fenster eingebaut werden musste. Das Unterbewusstsein assoziiert Hellblau mit dem Bild des weiten Himmels, der mit den Elementen Wind, Wolken und Regen verbunden ist. Dadurch entsteht in diesem Bereich eine belebende Frische. Dieser Effekt lässt sich noch verstärken, indem man Wolken, Vögel oder Heißluftballons oder auch bunte Luftballons, Zeppeline oder kleine Lenkdrachen direkt auf die Wand malt. Auf der Dachschräge befestigte Bilder mit diesen oder ähnlichen Motiven sind energetisch weniger wirksam als das direkte Bemalen der Wand. Um einen ruhigen Schlaf zu gewährleisten, sollten allerdings nicht zu viele Bilder und diese auch nicht direkt in Kopfhöhe aufgemalt werden, ebenso sollten an dieser Stelle Motive wie Raketen, Raubvögel oder Außerirdische vermieden werden.

Auf die Sechsjährige übten Heißluftballons eine große Faszination aus, sodass schließlich zwei kunterbunte Heißluftballons den neu geschaffenen Himmel über ihrem Bett zierten. Die Wirkung auf den Raum empfanden alle Beteiligten als äußerst angenehm und jeder hatte den Eindruck, plötzlich viel besser Luft holen zu können. Die übrigen Wände wurde in einem Apfelgrün gestrichen, wobei die Wand hinter dem Kopfteil dunkler gehalten und deckend gestrichen wurde, um die Rückendeckung hinter dem Bett zu betonen. Die Wand gegenüber dem Fußteil wurde dagegen zuerst in einem zarten Hellblau lasiert und dann mit einem ebenso zarten Grün überlasiert.

Die Kante des Mauerwerks rechts des Eingangs wurde mit einer Pappkernrolle ummantelt, die oben verschlossen und in einem Lachsrot gestrichen wurde. Das Rot repräsentiert das Feuer-Element, das dieses Raumsegment beherrscht. Die bunten Kissen auf dem Bett vertreten die Elemente Feuer, Erde und Metall und rundeten zusammen mit dem blauen Bettbezug den Elementezyklus ab.

Um die Energie im Dachzimmer zu halten, wurde außerdem eine Pflanze ins Fenster gestellt – in diesem Fall ein Elefantenfuß (Beaucarnea), der mit seinem starken Stamm und seinem fontänenartigen Blattwerk für Standfestigkeit und Heiterkeit steht.

Um in den Ecken der Dachschräge einen sanfteren Energiefluss zu ermöglichen, wurde hinter dem Bett ein königsblauer, rechtsgedrehter Vorhang befestigt. Er ist das weich fließende Gegenstück zur festen, klar umrissenen Form der roten Pappkernrolle. Die anderen Stoßkanten am Bett wurden mit bunten Perlenketten ausgefüllt, die mit kleinen Federn durchsetzt waren, um auf diese Weise ebenfalls ein sanftes Fließen der Energie zu unterstützen.

Die quer zum Eingang verlegten Holzbohlen, die hier formal das Erd-Element manifestieren, hätten eigentlich in Laufrichtung verlegt sein müssen. Hier konnte ein großer, runder hochfloriger Teppich in Naturtönen mit zartem blauem Muster das Erd-Element reduzieren und damit auf sanfte Art zur energetischen Beruhigung des Bodens beitragen. Gleichzeitig hilft die Kreisform Energie zu zentrieren, denn vor allem im Dachbereich, in dem die Energie durch die Schrägen stark abgezogen wird, sind Energie sammelnde und zentrierende Gestaltungsmittel sehr wichtig. Die roten Sitzkissen rundeten das Bild schließlich ab, indem sie die energetische Verbindung zwischen Wand und Boden herstellten.

Objekt	Form	Farbe	Material	Element
Trigramm Chen				Holz
Himmelsrichtung Südosten				Holz
Wandfarbe Südosten		Grün		Holz
Wandfarbe Süden		Grün		Holz Feuer
Säule	aufsteigend	Weinrot		Holz Feuer
Teppich	rund	Naturfarben Blau		Metall Wasser
Bodendielen	liegend	Hellbraun	Holz	Erde Holz

Fazit

Einige Monate nach der Beratung berichteten die Eltern, dass ihre Tochter seit dem Einzug in die neue Wohnung sehr entspannt in ihrem Bett schliefe und aufgehört habe, ständiger Gast im elterlichen Schlafzimmer zu sein. Auch hinsichtlich des neuen Selbstbewusstseins des Kindes gab es Grund zur Freude – es war jetzt weniger zurückhaltend und scheu, stattdessen kreativer und unternehmungslustiger. So konnte mit nur wenigen Mitteln ein Lebensbereich geschaffen werden, der das Energiepotenzial des Mädchens wachrief und die freigesetzten Kräfte sanft unterstützte.

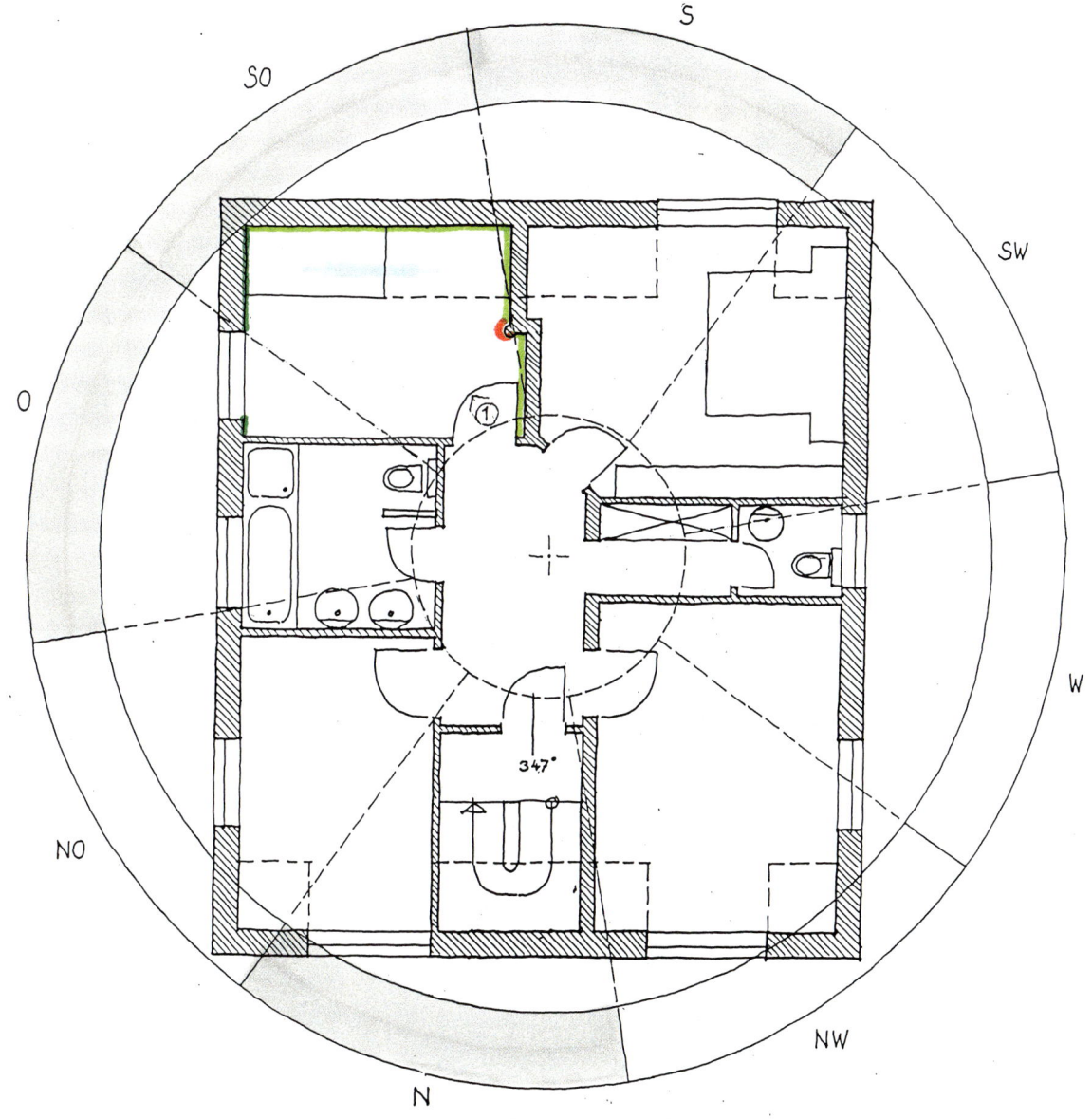

EINFAMILIENHAUS

Bergisch Gladbach

## Einfamilienhaus	Trigramm des Mannes:	KEN 8 Westgruppe
Bergisch Gladbach	Trigramm der Frau:	LI 9 Ostgruppe
	Eingang:	344° Nord

Ausgangssituation

Die Eigentümerin eines gemütlichen Einfamilienhauses am Stadtrand von Bergisch Gladbach wollte ihre Arbeit als Steuerberaterin künftig von zu Hause aus tätigen, sodass ihr bisheriges Gästezimmer in ein Büro verwandelt werden sollte. Die Gefühle, die sie mit ihrem Haus verband, waren allerdings zwiespältig. »Ich liebe dieses Haus. Mal fühle ich mich geborgen und geschützt, mal habe ich das Gefühl, manche Räume nicht mit Leben füllen zu können. Und dann die ungenützten Räume, gerade im Obergeschoss, von dem engen Flur und den störenden Holzdecken ganz zu schweigen«, äußerte sie zu Beginn der Beratung. Diese gemischten Gefühle wurden auch von ihrem Partner geteilt, dem zum damaligen Zeitpunkt eine eindeutige

Bejahung zum Sesshaftwerden im Haus der Freundin fehlte. Die im Folgenden beschriebenen Veränderungen beziehen sich deshalb vorrangig auf das neue Büro und den zugestellten engen Flur, der für beide Partner von großer Bedeutung war und exemplarisch für viele ähnliche Wohnsituationen zu stehen scheint: Manche Menschen haben nur wenig Platz, den es dann geschickt zu nutzen gilt, um den Energiefluss nicht zu blockieren. Anderen wiederum steht ausreichend Platz zur Verfügung und dennoch schaffen sie sich Wohnbereiche, deren Enge atmosphärisch stark belastet. Da Flure die »Atemwege« eines Hauses sind, sollte diesem Bereich besondere Aufmerksamkeit geschenkt werden.

Umsetzung

Nord/Nordosten:

Büro

Die weißen Wände des Büros komprimierten den kleinen Raum mit seinem anfangs noch behelfsmäßigen Mobiliar und standen im energetischen Konflikt mit dem Trigramm der Frau. Zwar befand sich der Arbeitsstuhl im energetisch kraftvollen Bereich des Nordens, doch mit der für sie ungünstigen Blickrichtung nach Westen hatte sie keine gute Wahl getroffen. Der Westen schwächte sie zusehends – einer der Gründe, warum ihr der Beruf im eigenen Heim kräftezehrender erschien als an ihrer ehemaligen Arbeitsstätte. Auch das Bild mit der roten Mohnblume wäre von seiner Farbgebung durchaus eine energetische Stütze gewesen, wenn

Flur Richtung Ankleide (4)　　　　　　　Büro vorher

nicht erhebliche gestalterische Mängel den energetischen Gewinn wieder zunichte gemacht hätten: Mit ihrem geteilten Stiel und dem nach unten gesenkten roten Blütenkelch verlor die Blume an Kraft, da die energetische Ausrichtung des Feuer-Elements (Rot) nach oben pulsiert und sich Erfolg und Freude immer mit aufwärts strebenden Strukturen verbinden. Um das Gefühl von Fülle zu vermitteln, wäre zudem ein Bild mit einer Vielzahl von Blumen günstiger als eine einzelne Pflanze.

Für die Neugestaltung des Büros wurden daher folgende Empfehlungen umgesetzt:

Die Steuerberaterin sitzt nun an einem L-förmig gebogenen Schreibtisch, der ausreichend Platz zum Arbeiten bietet und gleichzeitig durch die weiche Formgebung dem Büro eine gewisse Großzügigkeit verleiht. Der Computer wurde so ausgerichtet, dass die Arbeitsrichtung nach Süden weist.

Die Wände wurden in einem zarten Lindgrün gestrichen, da diese Farbe das Feuer-Element der Steuerberaterin stärkt, in Harmonie mit dem Nordbereich des Büros steht und zugleich den schwächenden Nordostbereich energetisch reduziert.

Schon nach kurzer Zeit tauschte die Steuerberaterin auch das Bild der einzelnen Mohnblume gegen ein Bild mit einer üppigen Mohnblumenwiese aus.

Allerdings hätte das Bild hochkant eine noch stärker unterstützende Kraft als das gewählte Querformat.

Büro nachher (1)

Obergeschoss/Nordwesten bis Südosten:

Flur

Angesichts von zwei nahezu leer stehenden Zimmern, die bequem die Garderobe des Paares hätten beherbergen können, wirkte der Flur in seiner Enge überaus bedrückend. Ursache hierfür waren die braune Holzdecke in Verbindung mit einer lang gestreckten Schrankwand aus Fichtenholz und die kleinen, hoch gelegenen Fenster, die kaum genug Licht durchließen, um den Flur freundlich wirken zu lassen. Die weiße Wandfläche auf

der linken Seite des Flurweges wirkt hart und streng und baut gerade auch durch die nach innen gerichtete Kraft der Metall-Energie einen starken Kontrast zu der massiven Schrankfront auf. Und genau diese konfliktreiche Spannung ist täglich für das Paar zu spüren, wenn es auf dem Weg zum Schlafzimmer ist.

Die Lampen im gesamten Flurbereich waren hinsichtlich ihrer Leistungskraft nicht ausreichend, um den Zuweg zum Schlafzimmer in eine heitere Stimmung zu tauchen, sodass gerade das Übergewicht an drückenden Yin-Energien mehr und mehr

Flur vorher

Flur nachher mit Blick auf das Schlafzimmer (3)

zu einer Belastung für das Paar wurde. Größere bauliche Veränderungen wie etwa die Vergrößerung der beiden Fenster waren nicht vorgesehen und doch war beiden Personen nachvollziehbar, wie schwächend sich der zusammengedrückte Flur auf ihre Lebensfreude auswirken musste und dass sie Veränderungen herbeiführen mussten, damit sich wieder mehr Lebensfreude einstellen konnte.

Die aufmerksame und äußerst engagierte Betrachtung des Ist-Zustands setzte bei den Betroffenen einen großen Veränderungswillen frei.

Zuerst befreite sich das Paar von allen überflüssigen Kleidungsstücken, die über alle Jahre hinweg viel Raum eingenommen hatten, letztlich aber schon lange nicht mehr benötigt wurden. So konnte die Schrankwand komplett aus dem Flur verbannt werden und ein überschaubarer Garderobenbestand fand seinen neuen Platz in dem bisher ungenutzten kleinen Arbeitszimmer im Nordbereich des Obergeschosses.

Die energetische Veränderung, die dadurch entstand, dass der Flur in seiner ganzen Breite wirken konnte, war unglaublich. »Wir haben das Gefühl, wieder durchatmen zu können. Und jetzt ist es sogar möglich, entspannt zu zweit nebeneinander zum Schlafzimmer zu gehen, ohne dass aus Platzmangel einer dem anderen den Vortritt lassen muss«, berichteten beide Partner erleichtert.

Für den Boden, der auf Wunsch des Paares gefliest werden sollte, wurden quadratische Fliesen in einem kräftigeren Gelbton gewählt, da sie die Heiterkeit des Durchgangs unterstreichen und gleichzeitig das Gefühl der Stabilität vermitteln.

Obwohl das Quadrat als formgebendes Erd-Element in Harmonie mit seinem gelben Farbton und dem der Wände steht und alles ausgleichend und unterstützend auf das Paar wirkt, ist es notwendig, die ruhige, statische Schwingung des Erd-Elements nicht zu raumbeherrschend werden zu lassen.

Daher wurden die Bodenfliesen an einigen Stellen aufgebrochen und mit blauen, grauen und weißen Keramiksplittern versetzt. Das verleiht dem Durchgang eine melodiöse Kraft und Leichtigkeit. Zusammen mit den Pflanzenarrangements wird so erreicht, dass der Energiestrom in eine sanfte Rhythmik versetzt wird und nicht geradewegs ins Schlafzimmer schießt.

Als Nächstes erhielt der Flur einen neuen Anstrich in Form eines strahlenden, freundlichen Gelbs. Dadurch wurde der schmale Zugang zum Flurbereich im Nordwesten vor allem für den Mann aktiviert und gleichzeitig sein Erd-Element genährt. Der gleiche positive Effekt ergab sich auch für den Nordosten, wo der Flur einen 90°-Winkel macht.

Die Bereiche des Nordens, Ostens und Südostens, die der Flur durchläuft, sind für ihn ebenfalls schwächend, sodass das Gelb hier für ihn angenehm beruhigend wirkt. Gleichzeitig leitet das Gelb des Erd-Elements das starke Feuer-Element der Frau sanft ab – eine Wirkung, die aus Sicht der Feng-Shui-Astrologie für die Frau förderlich ist.

Die beiden Lichtobjekte stehen für das Yin und Yang, die männliche und weibliche Seite des Lebens. Sie bieten den Partnern einen inneren Dialog über die Kraft des »Wir« anstelle des »Ich« und »Du« an.

Die symbolische Kraft solcher Objekte ist individuell ausgerichtet und daher sehr persönlich mit der Denk- und Fühlebene der in diesem Haus lebenden Personen verknüpft. Jeder Leser sollte daher Objekte auswählen, die mit ihm unmittelbar in Resonanz stehen und mit denen er bestimmte Lebensthemen aktivieren möchte. Denn nur dann haben die eingesetzten Symbole eine Wirkung.

Eingang zum Flurbereich (2)

Fazit

Die gemeinsame Arbeit an der Neugestaltung des Hauses und die Gespräche über die Bedeutung dessen, was verändert werden sollte, haben das Paar, aus dem mittlerweile ein Ehepaar geworden ist, noch enger zusammengeschweißt. Das frei gesetzte Energiepotenzial konnten beide dazu nutzen, auch ihre beruflichen Pläne erfolgreich zu verwirklichen.

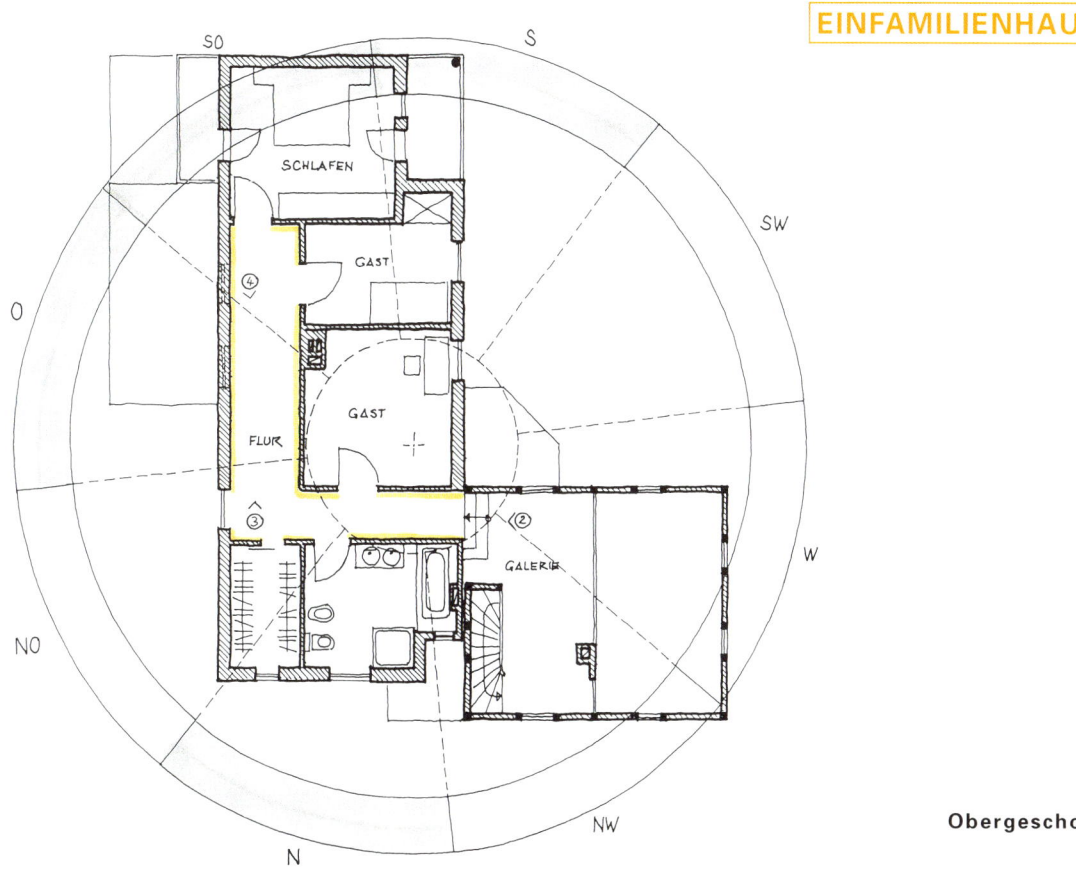

Obergeschoss

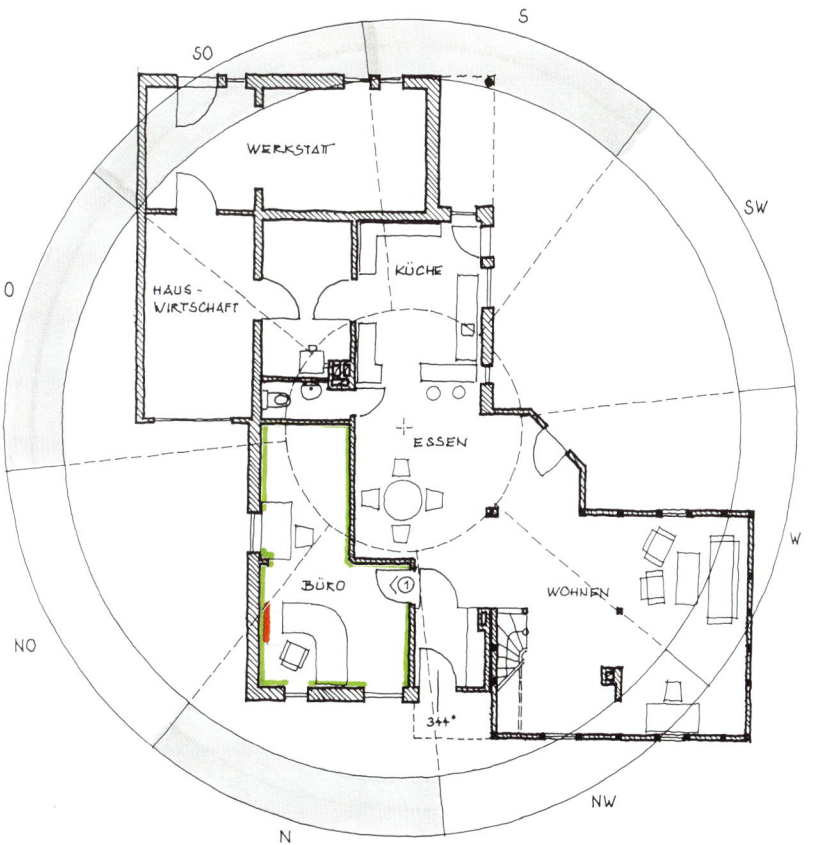

Erdgeschoss

RESTAURANT »THAI-LI BA«
Innsbruck, Österreich

Restaurant »Thai-Li Ba«
Innsbruck, Österreich

Trigramm:	TUI 7 Metall Westgruppe
Sitzposition:	Westen
Blickrichtung:	Osten
Eingang:	90° Ost

Ausgangssituation

Als Anfang 2001 ein Konzept für die neue Rathaus-Galerie in Innsbruck erstellt wurde, beschloss ein österreichisch-chinesisches Gastronomenehepaar ein neues Restaurant mit asiatischen Spezialitäten zu eröffnen, an dessen Gestaltung es sich aktiv beteiligen wollte. So entstand dank eines angesehenen Innsbrucker Architekten- und Feng-Shui-Beraterteams mitten im Herzen Innsbrucks ein kulinarisches Kleinod mit besonderer Ausstrahlung: das Thai-Li Ba, was so viel heißt wie »Das Glück da genießen«.

Das Konzept sah neben der Lichtplanung eine besondere Raumgestaltung vor:
Das Restaurant sollte von der Passage wie von dem benachbarten Platz gut einsehbar sein. Wegen seiner Größe sollte es innen von allen Seiten gut überblickbar sein, weshalb für die hinteren Tischreihen ein lang gestrecktes Podest vorgesehen wurde. Außerdem sollte der Raum zum Zuschauen und Beobachten geeignet sein – zum Sehen und Gesehenwerden. Daher wurde die offene Küche im Zentrum des Restaurants platziert.

Umsetzung

Das Licht

Bei der Auswahl der Farben wurde dem Lichtarrangement besondere Aufmerksamkeit geschenkt, da Farben, Formen und Materialien nur in Verbindung mit Licht richtig zur Geltung kommen können und so einem Raum seine Identität geben. Sie gemeinsam sind die Medien, die Kommunikation fördern und das Wohlbefinden der Gäste und Mitarbeiter steigern. Da das Lichtmilieu über die Wahrnehmung der Raumqualität unmittelbar auf die Psyche wirkt, sollten farbige Szenarien geschaffen werden, die alle Sinne ansprechen. Daher wurde das Tageslicht im Westen durch silberfarbene, steuerbare Metalllamellen weicher gemacht, während im Osten schwere Holzlamellen vor der breiten Fensterfront für eine sanfte, aber eindeutige Trennung von der Fußgängerzone sorgen.

Das Kunstlicht besteht aus der dynamischen Gestaltung farbiger Lichtspektren, die abends durch Kerzenlicht akzentuiert werden, wodurch ein stimmungsvolles, kontrastreiches Spiel von Hell und Dunkel, Licht und Schatten entsteht. Durch die Wahl unterschiedlichster Oberflächen und Farben wird das Licht stets weich reflektiert.

Objekt	Form	Farbe	Material	Element
Sitzposition Westen Lamellen		silbrig	Metall	Metall Metall
Blickrichtung Osten Lamellen			Holz	Holz Holz

Der Raum

Das Restaurant spiegelt das Leben als Dialog wider. In seiner quadratischen Form repräsentiert das Thai-Li Ba das Element Erde, das in seiner Bedeutung des Nährens, Bewahrens und Stabilisierens genau für die Schwingung steht, mit der ein Restaurant verbunden sein sollte. Die gelb gestrichene Holzdecke verstärkt symbolhaft die verbindende Kraft der Erde. Und überhaupt ist das Zusammenführen von Gegensatzpaaren eines der auffälligsten Gestaltungsmerkmale im Thai-Li Ba: das Traditionelle dialogisiert mit dem Modernen, das Fernöstliche mit dem Westlichen, das Glänzende mit dem Matten, das Aufwärtsstrebende mit dem Abwärtsgerichteten, das Kleinflächige mit dem Großflächigen. Es ist genau dieses Wechselspiel, das dem Konzept seine innere Stimmigkeit verleiht.

Der farbliche Gestaltungsschwerpunkt liegt hier auf dem unterstützenden Zyklus der Elemente Holz, Feuer und Erde. Schon beim Betreten des Restaurants, das 120 Personen Platz bietet, empfängt den Gast eine behagliche Geborgenheit, ohne dass irgendwo ein Gefühl der Enge entsteht. Die hohen Stühle aus Hyazinthenflechtwerk treten durch die Leichtigkeit des Materials und der Verarbeitung zurück vor dem raumbeherrschenden Dialog zwischen der Kücheninsel im Süden und der rubinroten Wand im Norden, die von einem zarten lindgrünen Rollbild mit einer chinesischen Kalligrafie geziert wird.

Übersicht Restaurant (1)

Nord-Süd-Achse

Aus Konflikten kann sich ein Gedankenaustausch entwickeln, wie auch in diesem Fall, wo das Wasser-Element des Nordens in der Auseinandersetzung mit der Energie des Feuer-Elements Rot für konstruktive Reibung sorgt, die – bildlich gesprochen – erfrischenden Wasserdampf hervorbringt. Dieser Wasserdampf ist es dann auch, der das Holzelement in Form des 8 Meter langen Rollbilds aktiviert: »Zusammen entwickeln wir die Fülle«, heißt es hier. »Das Bild, von einem Familienmitglied kalligrafiert, unterstützt und motiviert uns täglich«, verdeutlichte mir einer der zahlreichen Köche.

Zudem verleiht die rubinrote Wand dem großen Raum durch die Kraft des Feuer-Elements nicht nur mehr Dynamik, sondern die große, deckend gestrichene Farbfläche fängt auch die starke Bewegung auf, die durch den Publikumszustrom entsteht. Auch die Materialien und deren Oberflächen und Formen stehen in einem inneren Dialog, denn die große, glatt

Küche (3)

Rollbild (2)

gespachtelte Wand im Norden mit ihrem matten roten Schimmer korrespondiert mit den hoch glänzenden roten Fliesenquadraten des Küchenbereichs.

In diesen Dialog tritt auch die längste Sitzbank Tirols ein, die entlang der Nordwand verläuft und mit rotem Leder bezogen ist. Ihre lang gestreckte Form findet ihr bogenförmiges Gegenüber in der Hufeisenform des Küchenbereichs, wobei das Wasser-Element in den kleinen schwarzen Kacheln und den glatt verputzten, matt schimmernden anthrazitfarbenen Abschnitten entlang der Anrichte vertreten ist.

Auch die Hyazinthenblätter im Flechtwerk der Stühle melden sich mit ihrem inneren Schwingungsmuster zu Wort. Als impulsgebende Pflanzen mit weicher Struktur fördern Hyazinthen einerseits die Kontaktfreudigkeit, andererseits die friedliche Kommunikation.

Küchendetail (4)

Objekt	Form	Farbe	Material	Element
Norden				Wasser
Wand		Rubinrot		Feuer
Sitzbank		Rubinrot	Leder	Feuer
Rollbild		Lindgrün		Holz

Objekt	Form	Farbe	Material	Element
Süden				Feuer
Herd				Feuer
Anrichte	geschwungen	Schwarz		Wasser
		Silber	Metall	Metall
		Rot		Feuer

Zentrum

Im Rahmen der Einweihung des Thai-Li Ba wurde eine Zeremonie der Öffnung durchgeführt, bei der das Architektenteam im Zentrum des Restaurants eine achteckige Aussparung in Form eines von innen beleuchteten Ba'Guas in den Boden einließ. Das Innere des Ba'Guas ist durch eine Glasscheibe einsehbar und enthält eine Urkunde, die alle, die an der Fertigstellung des Restaurants beteiligt waren, unterschrieben haben.

Mit seiner achteckigen Form symbolisiert das Ba'Gua ein starkes Kraftfeld, das die Energieströme aller Himmelsrichtungen bündelt. Die vermehrte Aufmerksamkeit der Gäste in Richtung auf das Zentrum aktiviert diesen Bereich zusätzlich, denn die Lebensenergie folgt stets der Aufmerksamkeit.

Und obwohl sich das Zentrum geradewegs in einer der Laufzonen befindet, habe ich während meiner Aufenthalte im Thai-Li Ba weder Personal noch Gäste auf das Ba'Gua treten sehen.

Zentrum (5)

Südosten:

Bar

Dieser Bereich wird durch die Elemente Wasser, Holz und Feuer geprägt. Raffiniertes Gestaltungselement ist die lang-gestreckte Holztheke, deren Ende nahtlos in einen Bambus-wald überzugehen scheint. Dem Gast wird so inmitten einer künstlich geschaffenen, begrenzten Umgebung das Gefühl der Unbegrenztheit gegeben, sodass trotz allen Trubels auch sehr persönliche Gespräche möglich sind. Dies wird unterstützt durch ein sanftes Licht, das dem Thekenbereich ein Gefühl von Intimität gibt und zugleich mit dem animierenden Rot der ledernen Barhockerbezüge in Einklang steht.

Eine stufenförmig aufgebaute Rückwand aus eisblauem Glas mit grünlichem Schimmer grenzt den Barbereich gegen die dahinter liegende Kücheninsel ab.

Objekt	Form	Farbe	Material	Element
Südosten				Holz
Theke			Holz	Holz
Rückwand			Glas	Wasser
		Blau / Grün		Wasser / Holz
Barhockerbezüge		Rot	Leder	Feuer
Bambuswand	aufwärts strebend	Grüntöne		Holz
			Glas	Wasser
Licht				Feuer

Bar (6)

Westen:

Schwelle

Was früher in unserem Kulturkreis der Torbogen war, ist bei den Chinesen noch heute das Mondtor – eine Schwelle, die den Übergang von einem Zustand in den anderen symbolisiert und mit deren Überschreiten das Moment der Achtsamkeit und des Loslassens verbunden ist. In diesem Sinn versetzt die Schwelle des Thai-Li Ba an der in das Untergeschoss führenden Treppe den Gast in Staunen, indem die im Boden ausgesparte Öffnung den Blick auf eine kunstvoll als Wellenmuster angelegte Sandfläche freigibt. So wie das abfließende Wasser reinigt, so wird mit dieser Schwelle an die beiden Prozesse erinnert, denen der Mensch täglich unterworfen ist: das Aufnehmen und das Abgeben. Nur wenn es dem Menschen gelingt, neben dem Konsum auch das Verzichten und Abgeben in sein Leben zu integrieren, ist er in seiner Mitte.

Barhocker

Schwelle (7)

Fazit

Seit der Eröffnung des Restaurants im September 2002 sind mittags und abends alle Plätze reserviert, was für das Gastronomenehepaar einen überwältigenden Erfolg bedeutet.

Beide stützen die Kraft des Gesamtkonzepts durch ihre Wertschätzung für die Angestellten, was sich unter anderem in einer sehr guten Bezahlung der hoch motivierten Mitarbeiter äußert.

Trotz der großen Betriebsamkeit herrscht im Thai-Li-Ba eine ungewöhnlich entspannte Atmosphäre, die sich in den Gesichtern der Angestellten wie auch im Wohlbefinden der Gäste widerspiegelt, die hier durch die köstlichen Speisen und die energetische Kraft einer ausgewogenen Raumgestaltung ausgezeichnet gestärkt werden.

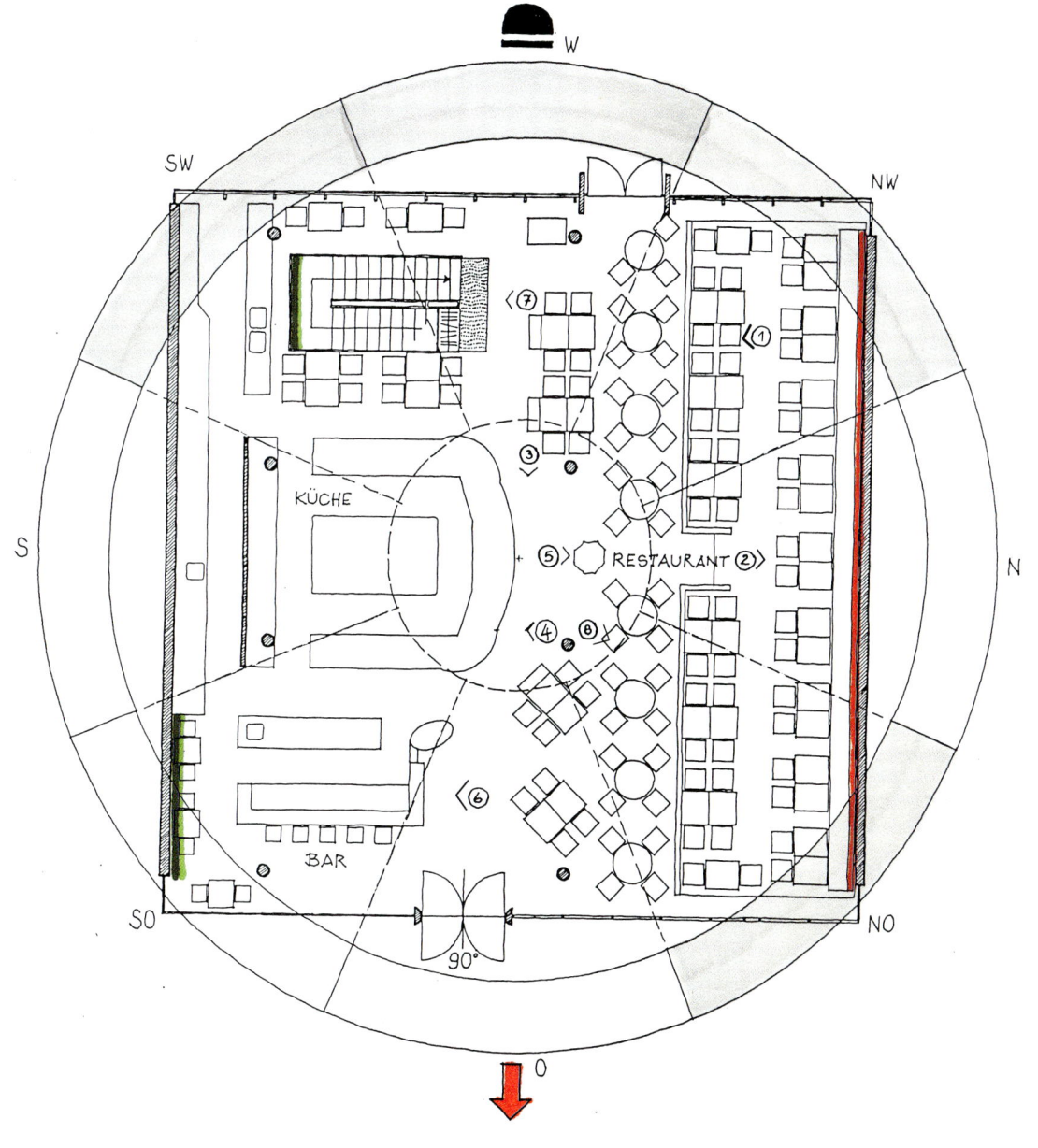

EINFAMILIENHAUS

Köln

Einfamilienhaus
Köln

Trigramm Mann:	CHEN 3 Ostgruppe
Trigramm Frau:	CHEN 3 Ostgruppe
Eingang:	127° Südost

Ausgangssituation

Unruhige Zeiten hatte das junge, bosnische Ehepaar hinter sich, als es im Sommer 2002 beschloss, ein Reihenhaus zu kaufen, das unter Feng-Shui-Gesichtspunkten so gestaltet werden sollte, dass sich beide darin wohl und geborgen fühlen konnten.

»Unsere Kräfte waren durch die lang anhaltende Sorge über unseren Verbleib aufgebraucht und die gute Laune aus Studienzeiten wollte nicht so recht zurückkehren«, beschrieb das Paar seinen Zustand vor dem Hauskauf.

Umsetzung

Kernpunkt der Beratung war der Verlust der Heimat, den das Paar hatte miterleben müssen. Daher wurde bei der Farbberatung die Verwendung von Le-Corbusier-Pigmentfarben vorgeschlagen, die eine außergewöhnliche Präsenz haben und dank ihrer Herkunft Erdigkeit und innere Wärme ausstrahlen.

Durch ihre Beschaffenheit lassen sie die Räume atmen und geben ihnen Temperament, Frische und Weite – genau die Qualitäten, nach denen sich das Ehepaar in dieser Phase seines Lebens gesehnt hatte.

Südosten/Osten:

Eingangsbereich

Der Bodenbelag sollte Festigkeit und Stabilität vermitteln, wofür sich verschiedenfarbige Bodenfliesen anboten – von Kastanienbraun über ein rosiges Terracotta bis hin zum Sandton. Um zu verhindern, dass der Energiestrom auf direktem Weg durch das Erdgeschoss hindurchzieht, wurden außerdem zwei Fliesenmosaike in den Boden eingelassen, die den Energiefluss an diesen Stellen abbremsen.

Durch den zurückversetzten Eingang des Hauses im Südosten ergibt sich ein unregelmäßiger Grundriss und das Ba'Gua weist im Südosten und Osten einen Fehlbereich auf. Zudem wurde der Osten durch die abfließenden Energien des Gäste-WCs energetisch geschwächt. Da aber Südosten und Osten zu den Bereichen gehören, die dem Paar viel Kraft geben, mussten sie energetisch ausbalanciert werden.

Mosaik (1)

Diele (2)

Aus diesem Grund wurde die linke Dielenwand in ein samtiges Ultramarinblau getaucht, das sich nicht aufdrängt, sondern eine starke Körperhaftigkeit besitzt und den Ankommenden mit seiner sanften Wärme umhüllt. Zugleich aktiviert es die Grüntöne, mit denen die übrigen Dielenwände gestrichen wurden.

Westen/Nordwesten: Wohnzimmer

Das Wohnzimmer liegt zwei Stufen tiefer als der übrige Lebensbereich. Dadurch wird der Energiefluss zur Rückfront des Hauses stärker beschleunigt und Energie fließt in erhöhtem Maß durch die Fenster ab.

Um diesem Effekt entgegenzuwirken, wurde vor dem Stützpfeiler der rückwärtigen Fensterfront ein weiteres Bodenmosaik angelegt, das zusammen mit zahlreichen Pflanzen das Abfließen des Energiestroms verlangsamt.

Ein weiteres Gestaltungsmittel in Form zweier über Eck gezogener, liegender Rechtecke befindet sich im Westen und Nordwesten zu beiden Seiten der hinteren Wohnzimmerecken. Die kastanienbraunen Farbflächen korrespondieren mit den rauchbraunen Farbflächen des Essbereichs, wodurch eine symbolhafte Verankerung dieser beiden Orte erzielt wird, die das abgesenkte Niveau des Wohnzimmers leicht auffängt.

Gäste-Toilette (3)

Die Symphonie in Grün setzt sich auch in der Gäste-Toilette fort, wo das farbenprächtige Spiel zwischen hellen und dunklen, kühlen und warmen Tönen für eine heitere Stimmung sorgt und der olivgrüne Farbton Sonne und Erde miteinander zu verbinden scheint.

Wohnzimmerecke (9)

Essbereich (4)

Treppenhaus (5)

Südwesten:

Essbereich

Ein zarter Elfenbeinton auf dem Mauervorsprung bildet den Übergang zum Essbereich, wo sich die zahlreichen Freunde des Paares häufig zum gemeinsamen Abendessen um den Tisch versammeln. Die offene Bauweise des Essplatzes zur Treppe, zur Küche und zum Wohnraum wurde in dreifacher Hinsicht energetisch stabilisiert: durch den runden Esstisch, dessen einladende Form energetisch zentriert und an diesem Ort die zahlreichen Freunde, die das Paar hat, versammelt, durch das Bodenmosaik zwischen Essplatz und Treppe, das dem Zentrum des Hauses zusätzlich Kraft verleiht, und schließlich durch das samtig-elegante Kastanienbraun von Wand und halbhoher Brüstung, das ein zurückhaltendes Gefühl der Verlässlichkeit und Geborgenheit aufkommen lässt. Die Brüstung wurde zudem mit zwei elfenbeinfarbenen Streifen versehen, die im Treppenhaus weitergeführt werden und dadurch den beiden Lebensbereichen eine größere Geschlossenheit geben. Sie unterstreichen die stabilisierende Wirkung des Kastanientons und stehen symbolhaft für das Lebensthema des Südwestens, die Beziehung.

Nordosten:

Treppenhaus

Entsprechend den Gesetzmäßigkeiten der Feng-Shui-Astrologie musste im Treppenhaus das Metall-Element verankert werden, sodass sich als Grundton der schmalen Laufzone ein kühles Silberweiß anbot – ein Pigment aus verschiedenen Naturerden, das die Lichtstrahlen aufnimmt und der Fläche eine tiefgründige Einheit verleiht. Die warmtonigen elfenbeinfarbenen Streifen des Brüstungsbereichs wurden auch entlang den Treppenstufen fortgeführt.
Zusätzlich geben unterschiedlich lange Kupferplättchen aus Sarajevo den Streifen eine besondere energetische Kraft und scheinen das Treppenhaus mit einer fröhlichen Melodie zu erfüllen, die das Paar begleitet, wenn es in die oberen Stockwerke gelangen möchte.

Südosten/Süden:

Küche

Da die Eigentümerin sich für eine rote Wandfläche nicht begeistern konnte, entschied sich das Paar für einen leuchtend goldgelben Farbton, der die Küche mit stiller Freude erfüllt und Assoziationen von blühenden Weizenfeldern wachruft. Dafür sollen künftig rote Accessoires die Verbindung zur feurig-belebenden Yang-Energie des Südens herstellen.

Südwesten/Westen/Nordwesten/ Norden:

Schlafzimmer

Das Schlafzimmer musste aus geomantischen Gründen in den Westen gelegt werden, wobei die Schlafrichtung nach Südosten weist, was das Paar energetisch stärkt. Das Schlafzimmer wurde so gestaltet, dass man beim Betreten zuerst auf eine ultramarinblaue Wand schaut, die durch einen 5 Zentimeter breiten Rahmen wie ein großes Bild erscheint. Da der Norden für das Paar unterstützende Kräfte besitzt, aktiviert das Ultramarin diesen Bereich zusätzlich. Zudem berührt die samtige Erscheinung dieses Farbtons stark die Gefühlsebene.

Ultramarinblaue Wand (7)

Der wärmende, elegant wirkende Lachston, der für die Fensterseite und die Wand hinter dem Bett ausgewählt wurde, spricht die Herzenergie an.
Die rauchbraune Wand im Südwesten und Westen gibt die nötige Geborgenheit, während die korrespondierenden Streifen in den beiden Zimmerecken das Bett zentrieren und symbolhaft den Zusammenhalt des Paares unterstreichen.

Schlafbereich (8)

Objekt	Form	Farbe	Material	Element
Küche Süden				Feuer
		Gelb		Erde
Mauervorsprung		Elfenbein		Metall
Essplatz				
Südwesten				Erde
Wand		Kastanienbraun		Erde
Tisch	rund			Metall
Brüstung		Kastanienbraun		Erde
Streifen		Elfenbein		Metall
Treppenhaus				
Nordosten				Erde
		Silberweiß		Metall
		Elfenbein		Metall
Kupferplättchen	quadratisch			Erde
	Querformat			Erde

Fazit

Aus einem Brief des Paares wird ersichtlich, wie die beiden die Veränderung in ihrem neuen Heim erlebt haben:

»Die Feng-Shui-Analyse zu Beginn der Beratung ergab bestimmte Farbgebungen, die uns anfangs etwas fremd vorkamen – zu grell, zu dunkel, zu exotisch –, und wir konnten uns zunächst auch nicht vorstellen, wie diese eindrucksvollen Farben auf einer großen Fläche wirken oder wie wir damit im Alltag umgehen würden und ob und wie sie uns verändern könnten.

Da wir aus Kostengründen selbst den Pinsel in die Hand nahmen, erlebten wir die Verwandlung der Wände sehr intensiv. Die dabei auftauchenden Emotionen deuteten wir mal als Therapie für uns, mal für die betreffenden Wände. Mit mancher Farbe hatten wir anfangs arg zu kämpfen, bis sich dieses Gefühl nach einigen Tagen in absolute Begeisterung verwandelte. Jede Farbe gibt dem Ganzen eine besondere Note, keine überwiegt und es entsteht eine beruhigende und zugleich belebende Harmonie im Haus. Keine der so sorgfältig und mit einem hervorragenden Gefühl für das Zeitlose und Natürliche ausgewählten Le-Corbusier-Farben können wir uns jetzt mehr wegdenken und es kommt uns vor, als wenn sie schon immer für uns da gewesen wären.

Den Mut, einen ungewohnten Weg zu gehen, empfinden wir als große Bereicherung. Schließlich waren die ungewohntesten und gewagtesten Entscheidungen in unserem Leben immer die besten, denn sie haben uns als Menschen weiter gebracht. In diesem Fall hat unser Bauch wieder richtig für uns entschieden.«

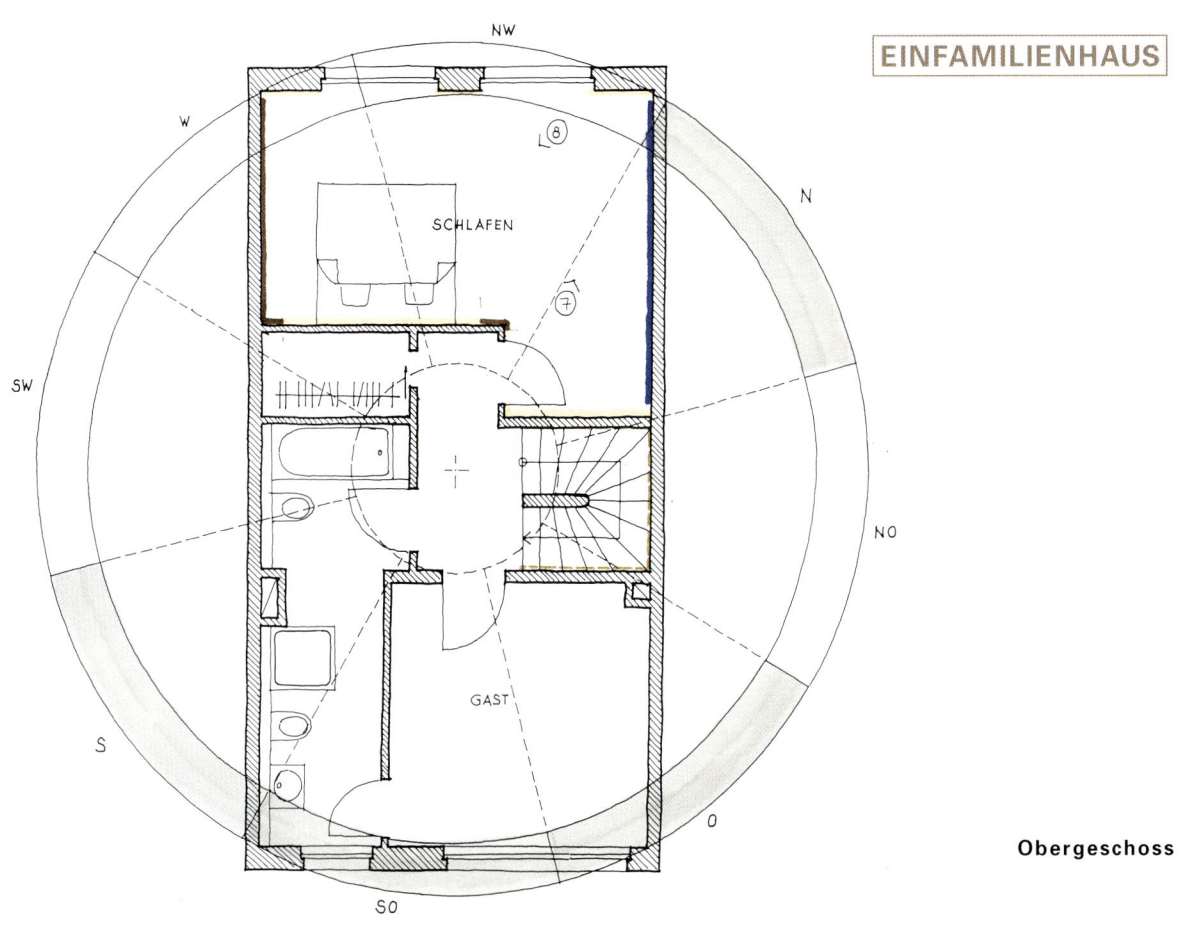

Obergeschoss

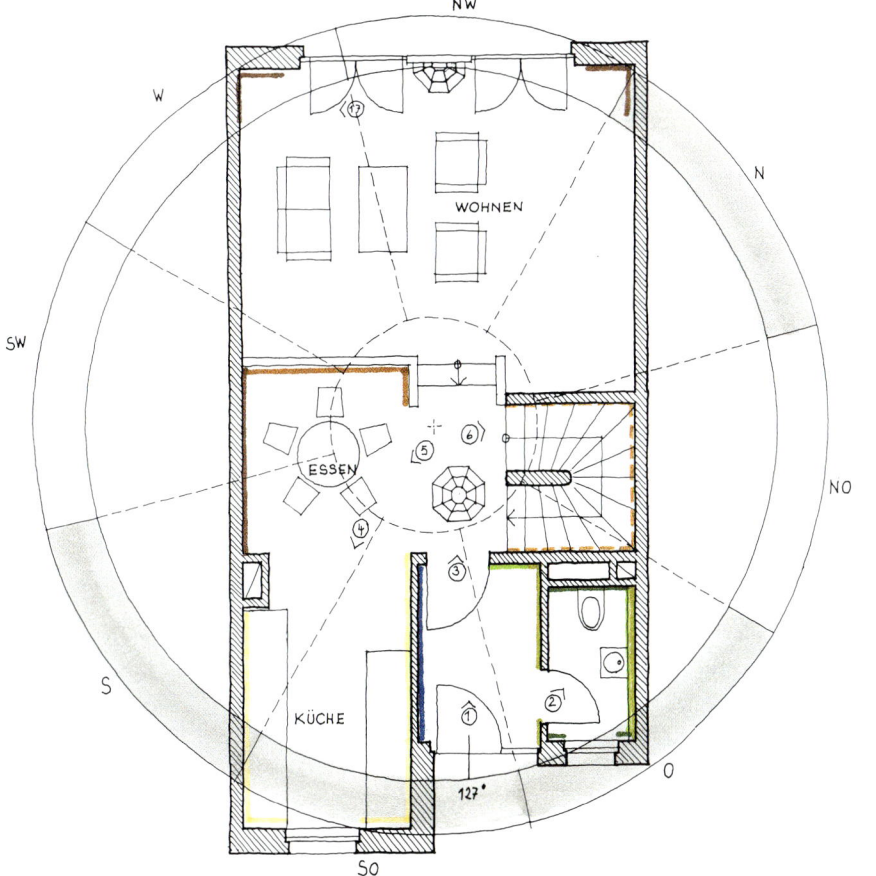

Erdgeschoss

PHYSIOZENTRUM »BIERBAUM«

Erlangen

Physiozentrum »Bierbaum«	Trigramm des Therapeuten:	KUN 2 Westgruppe
Erlangen	Haustrigramm:	TUI 7 Metall Westgruppe
	Sitzposition:	Westen
	Blickrichtung:	Osten
	Eingang:	11° Nord

Ausgangssituation

Auf dem Gebiet der denkmalgeschützten Wilhelminischen Kaserne in Erlangen sollte der ehemalige Pferdestall zu einem Physiotherapeutischen Zentrum ausgebaut werden. Die bisherigen Praxisräume waren dem Inhaber des Therapiezentrums zu klein geworden. Durch die Hinzunahme fernöstlicher Heilmethoden bot sich das 220 Quadratmeter große Areal für einen Neubeginn an.

Umsetzung

Neben der baulichen Ausgestaltung lag der Schwerpunkt in der Farbgebung und der Wahl eines guten Arbeitsbereichs für den Physiotherapeuten. Zudem sollte der Anmelde- und Wartebereich durch eine harmonische Form- und Farbgestaltung zu einem ausgleichenden, kraftvollen Arbeitsplatz für die Mitarbeiterinnen und die Patienten werden.

Ehemaliger Pferdestall

Norden:

Eingangsbereich

Der energetisch unruhige Eingangsbereich im Norden wurde durch ein frisches Grün ausgeglichen. Gleichzeitig unterstützt dieser Farbton die Identität des Zentrums, da von Grün eine starke Heilwirkung ausgeht und Gesundheit und Gesunderhaltung hier im Mittelpunkt stehen.

Eingang (1)

Nordosten:

Anmelde- und Wartebereich

Da eine einheitliche Gestaltung vorgesehen war, wurde der Wartebereich im gleichen Farbton gestrichen wie der Eingangsbereich. Die quadratischen Fliesen sorgen für eine gute Erdung, während die dunkelblaue Polsterung ein angenehm beruhigendes Gefühl vermittelt.

Die nach Feng-Shui-Maßen gefertigte Anmeldung mit ihren zartgelben Ablageflächen sorgt für einen sonnigen, ausgleichenden Impuls, gleichzeitig unterstützt der Farbton, der zum zentrierenden und bewahrenden Erd-Element gehört, den Anmeldebereich als Sammelpunkt.

Anmeldung und Wartebereich (2)

Flur (3)

Durchgang zur Sporttherapie (4)

Nord-Süd-Achse:
Flur

Der gesamte Flurbereich von nahezu 15 Metern Länge wurde unter Berücksichtigung baulicher Gegebenheiten leicht bogenförmig gestaltet. Er spiegelt nicht nur die Dynamik des Grüns

wider, sondern dient auch als Mittler zwischen dem Wasser-Element des Nordens und dem Feuer-Element des Südens. Um dem Durchgang zum Sporttherapieraum die Schwere zu nehmen, wurde ein Bogen aus hellem Apfelgrün auf die Wand gemalt.

Südwesten:

Behandlungszimmer des Therapeuten

Bei der Aufteilung der Räume erwies sich der Südwesten als bester Bereich für den Physiotherapeuten. Diese Zone gehört zum Erd-Element und mit dem Thema »Fürsorge« entspricht sie genau der Schwingung seiner Arbeit.

Für die Grundtonung des Raums wurde ein zartes Mandaringelb gewählt, wobei die Wand, vor der der Physiotherapeut arbeitet, als großflächiges rotes Wandbild angelegt wurde. Die rote Fläche endet jeweils 5 Zentimeter vor den angrenzenden Wänden, der Sockelleiste und der Decke, sodass das Rot nicht übergriffig wird, sondern vom Gelb abgefangen wird. Die Form, die das Rot umgibt, gehört als liegendes Rechteck ebenfalls zum Erd-Element und bringt durch eine leichte energetische Reduzierung die rote Wand in eine für den Raum angemessene Schwingung. Die gleiche Wirkung hat auch die runde, blattvergoldete Lampe, die als Lieblingsobjekt des Physiotherapeuten auf seinen Wunsch hin die Wand ziert. Hier ergibt sich zwar ein Elementekonflikt zwischen Feuer und Metall, entscheidend ist jedoch, dass derjenige, der den Raum nutzt, sich darin wohlfühlt. In jedem Fall positiv ist die nach Nordosten ausgerichtete Arbeitsausrichtung des Therapeuten.

Rotes Wandbild (5)

Wandsäule (6)

In der Gesamtschau betrachtet, sind alle Elemente im Arbeitsraum des Therapeuten vertreten:
Die grüne Pflanze als Repräsentantin des Holz-Elements, die rote Wand als Ausdruck des Feuer-Elements sowie die gelbe Wand als Element der Erde. Die goldene Lampe gehört zur Metall-Energie und die schwarze Liege bzw. die türkisfarbenen Kissen repräsentieren das Wasser-Element. Die energetisch unruhigen Bereiche Südosten, Osten und Süden sind in warmen Gelb- und Weißtönen gehalten, die zum Erde- und Metall-Element gehören. Dadurch werden die Energien dieser Bereiche abgeleitet und es entsteht eine beruhigende Atmosphäre in den Räumen.

Behandlungszimmer des Therapeuten (7)

Fazit

Seitdem das Physiozentrum vor rund eineinhalb Jahren seinen Betrieb aufgenommen hat, ist die Resonanz in vielerlei Hinsicht überaus positiv.
Das Wohlgefühl der Kunden hat laut Aussagen des Therapeuten erheblich zugenommen, wobei fast 80 Prozent der bisherigen Kunden dem Zentrum auch nach dem Umzug treu geblieben sind. Nach eigenen Angaben »ist der Umgang zwischen Kunden und Mitarbeitern offener und herzlicher geworden. Das harmonische Arbeitsumfeld wirkt sich sehr entspannend und belebend auf die Zusammenarbeit aus«. Der Chef des Unternehmens sieht sein Selbstbewusstsein gestärkt und arbeitet heute viel »lockerer« und zielgerichteter als früher. Fühlte er sich damals »nach 30 Stunden ausgepowert«, arbeitet er heute 50 bis 60 Stunden pro Woche, nach denen er zwar müde, aber noch längst nicht erschöpft ist.

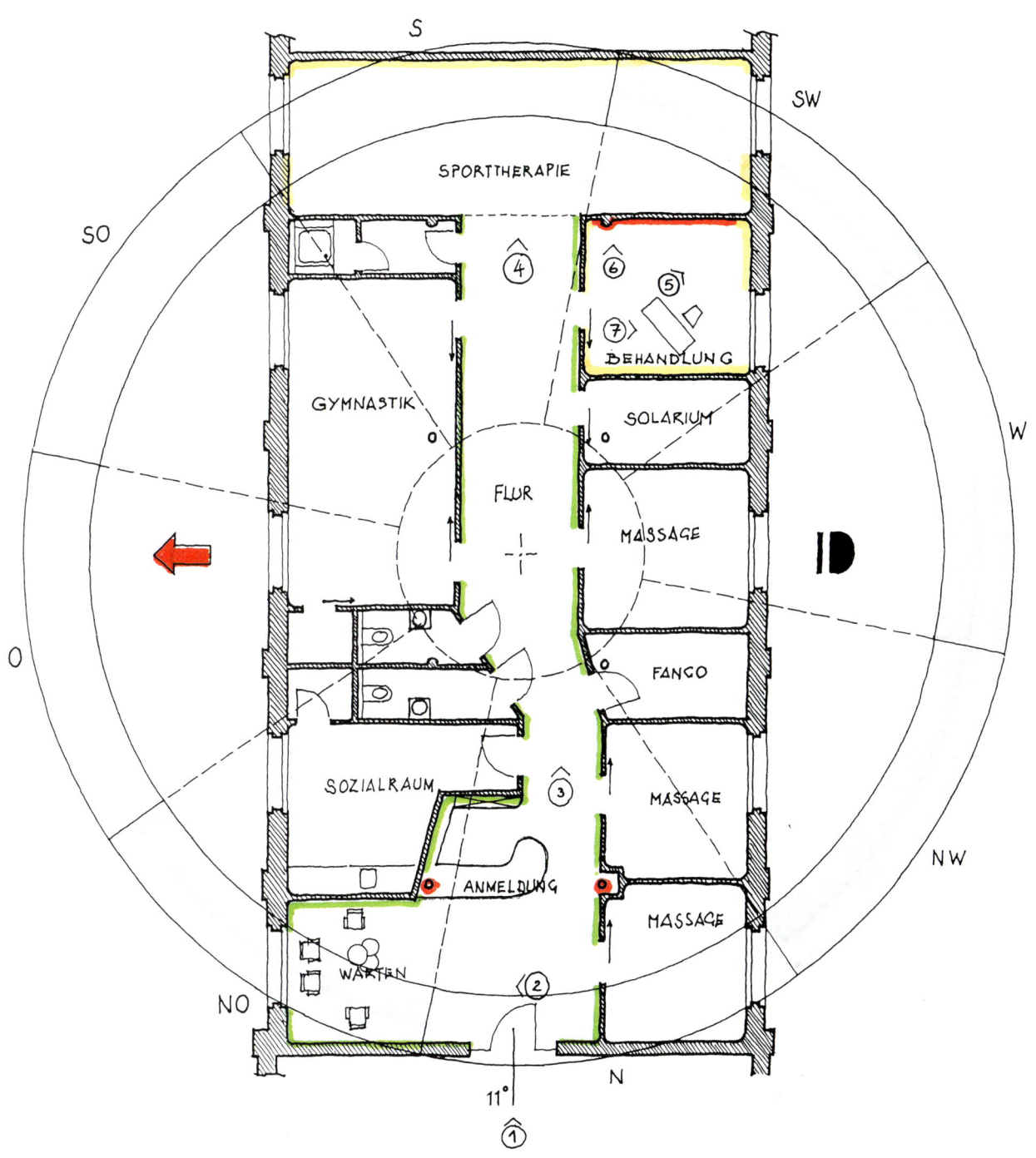

WERBEAGENTUR »BIENERT DESIGN«

Nürnberg

Werbeagentur »Bienert Design«
Nürnberg

Trigramm Chef:	KEN 8 Westgruppe
Trigramm Juniorpartner:	TUI 7 Westgruppe
Trigramm Mitarbeiter:	KUN 2 Westgruppe
Trigramm Haus:	SUN 4 Ostgruppe
Sitzposition:	Südosten
Blickrichtung:	Nordwesten
Eingang:	299° Nordwest

Ausgangssituation

Die Werbeagentur zog von einem großen Loft in ein neues Büro in einem anderen Stadtteil von Nürnberg. Da jeder Partner einen eigenen Arbeitsraum bekam, konnten die Zimmer individuell gestaltet und durch entsprechende Energiefarben besonders betont werden.

Umsetzung

Nordwesten:
Eingangsbereich

Der im Nordwesten gelegene Eingang wurde in einem freundlichen, frischen Blau-Weiß gestaltet, da die Elemente Wasser und Metall mit dieser Himmelsrichtung gut harmonieren. Zudem entspricht das kräftige Blau der energetischen Schwingung einer Werbeagentur, die von Fantasie, Kreativität und Kommunikation lebt – Eigenschaften, die der Energie des Wasser-Elements zugesprochen werden.

Flur (1)

Objekt	Form	Farbe	Material	Element
Wand		blau		Wasser
Skulptur		silber	Edelstahl	Metall

Detail Flur

Süden:

Büro des Chefs

In diesem Raum, der am weitesten von der Haupteingangstür entfernt liegt und daher im kraftvollsten Bereich des gesamten Büros liegt, wurde der Schreibtisch so angeordnet, dass der Leiter der Werbeagentur beim Arbeiten nach Westen und damit in eine für ihn günstige Richtung blickt.

Da er für die Erfüllung seiner Aufgaben zudem einen starken Rücken braucht, wurde die Raumecke hinter dem Schreibtisch in einem belebenden Grün gestrichen, das zum Holz-Element gehört und entsprechend der Feng-Shui-Astrologie eine stärkende Wirkung auf ihn hat. Zudem harmoniert das Grün mit der Energie des Südens. Um dem Grün ein besonderes Gewicht zu verleihen, wurde der Rest des Büroraums in neutralem Weiß gehalten.

Da die fünf Elemente in der Malerei des Grafik-Designers eine zentrale Rolle spielen, war es ihm wichtig, eigene Bilder mit Motiven des Feuer- und Holz-Elements an der grünen Wand aufzuhängen.

Objekt	Form	Farbe	Material	Element
Wand Süden				Feuer
		grün		Holz

Osten/Südosten:

Büro des Juniorpartners

Für den Juniorpartner, der zur Westgruppe gehört, wurde der Schreibtisch ebenfalls in die für ihn günstigste Richtung gestellt, sodass er nun in Richtung Südwesten arbeitet.

Bei der Farbauswahl anhand des chinesischen Horoskops wurde ein kräftiges Maigrün ermittelt, das zum stimmungsgebenden Element des Büros wurde und gut mit dem Holz-Element des Ostens und Südostens harmoniert.

Arbeitsplatz des Juniorpartners (3)

Büro Mitarbeiter (4)

Objekt	Form	Farbe	Material	Element
Wand		Maisgelb		Erde
Bild	quadratisch			Erde
		Weiß		Metall

Nordosten:

Büro des Mitarbeiters

Der Nordosten wird von der Schwingung des Erd-Elements bestimmt. Dadurch ist der ebenfalls zur Westgruppe gehörende Mitarbeiter hier gut aufgehoben, denn dieses Element unterstützt seine Schaffenskraft. Außerdem wurde sein Schreibtisch so ausgerichtet, dass die Blickrichtung nach Südwesten geht. Für die hinter ihm befindliche Wand, die seine Rückendeckung darstellt, wurde Maisgelb als tragendes Element des Büros gewählt.

Da der Mitarbeiter mit dem Rücken vor dem Fenster hätte platziert werden müssen, wurde das Fenster durch ein quadratisches »Weißbild« verdeckt. Es ist in Form und Farbe harmonisch mit der Wandfarbe verbunden.

Fazit

Seit dem Umzug floriert die Werbeagentur besser als zuvor, was sich auch an den wachsenden Umsatzzahlen ablesen lässt.

Wie der Besitzer berichtet, hat sich durch die Feng-Shui-Beratung einer erfahrenen Nürnberger Architektin auch die Beziehung zu den Kunden weiter verbessert. Das Arbeitsklima wird als rundum positiv beschrieben.

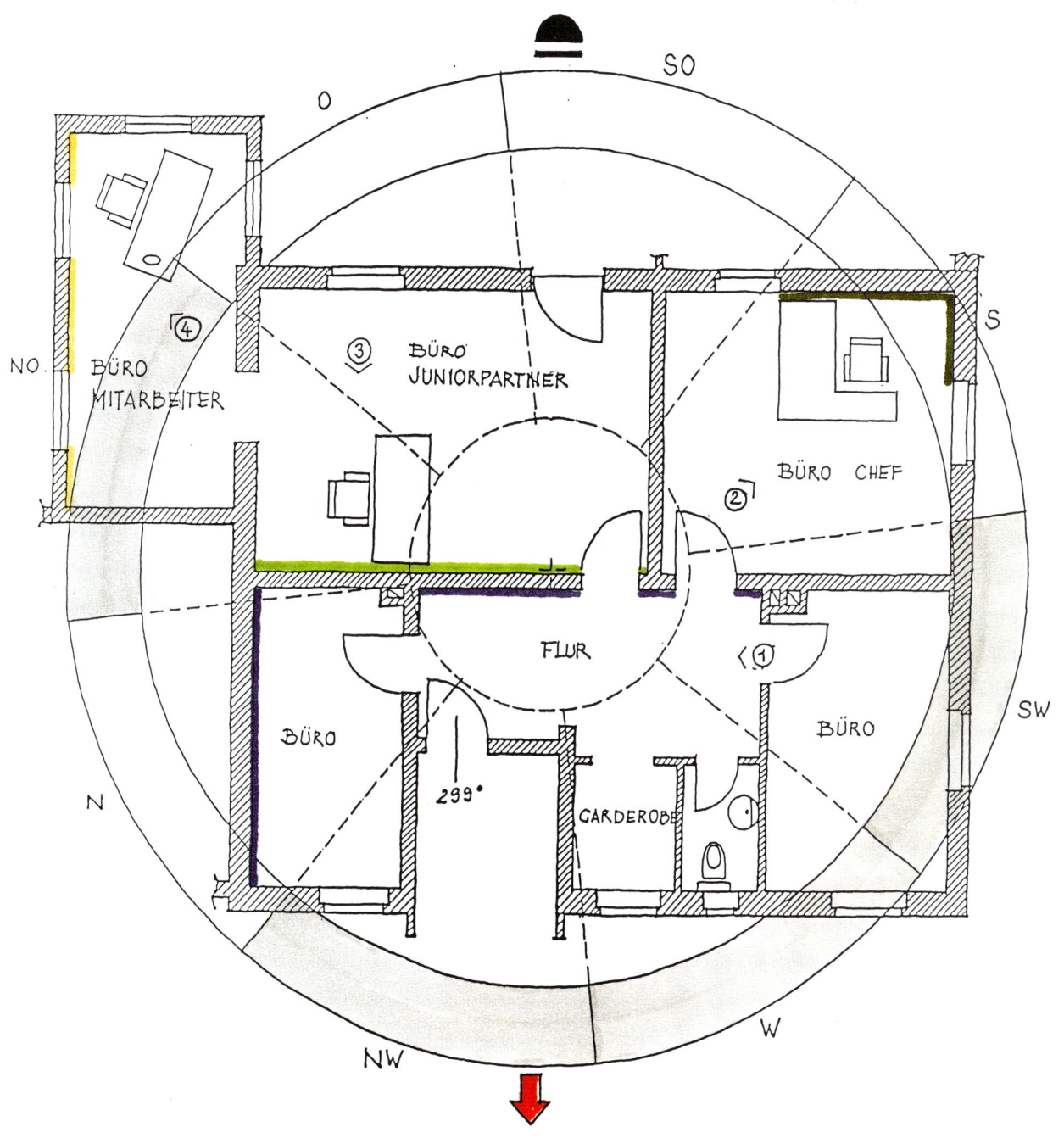

EINFAMILIENHAUS

Olten, Schweiz

Einfamilienhaus
Olten, Schweiz

Trigramm des Mannes:	SUN 4 Ostgruppe
Trigramm der Frau:	CHIEN 6 Westgruppe
Trigramm der Tochter:	KEN 8 Westgruppe
Eingang:	244° Südwest

Ausgangssituation

Mit diesem Haus, in einem ruhigen Viertel hoch über der Stadt Olten im Kanton Solothurn gelegen, ging der Wunsch einer Familie in Erfüllung. Die Entwürfe für das neue Domizil sahen einen großzügigen, aber schlicht gehaltenen kubischen Flachbau vor, in dem lichtdurchflutete Räume, klare, ruhige Formen, aber auch farbige Wände die Atmosphäre bestimmen sollten. Anhand der Feng-Shui-Analyse eines renommierten Züricher Architektur- und Designbüros wurden die Grundrisse an das vorhandene Energiemuster der Umgebung optimal angepasst.

Umsetzung

Der astrologischen Untersuchung im Rahmen der Feng-Shui-Analyse folgend stellt das Holz-Element eine wichtige Unterstützung für die Bewohner des Einfamilienhauses dar und bestimmt deshalb auch die Gesamttonung des Gebäudes: helles Birkenholz zieht sich als Material für Böden, wandbildende Schrankwände, Küchenmöbel und großflächige Schiebe- und Zimmertüren durch das ganze Haus.

Nordosten:
Wohn- und Essbereich

Da der Bereich des Nordostens zum Erd-Element gehört, wurden für die Wände des Wohnzimmers sanfte Gelbtöne gewählt, die durch ihre sammelnde, beruhigende Energie ideal für den Wohnbereich sind. Zudem wird ebenso der Ba'Gua-Bereich des Nordwestens, dem Metall zugehörig, durch das Erd-Element unterstützt.
Die leuchtend rote Trennwand zum Flur setzt einen dominierenden Akzent in den Raum und unterstützt so sein Energiemuster.
Die Wand zwischen Treppenhaus und Essplatz liegt in der Hausmitte (Tai Chi), die ebenfalls zum Erd-Element gehört und einen Anstrich in warmem Gelb erhielt, um das Zentrum zu stärken. Für die Wand zum Treppenhaus und dem Flur wurde ein kräftiges Orange gewählt, das als Feuer-Element dem Durchgang mehr Spannung verleiht und eine anregende Stimmung schafft.

Esszimmer (1)

Küche (2)

Südosten/Osten:

Küche

Die Küche ist ganz in hellem Birkenholz gehalten, um die Holz-Energie des Ostens und Südostens zu fördern. Ein der Küche angegliederter Vorratsraum wurde in lichtem Türkis gestrichen, das dem fensterlosen Raum eine frische, animierende Atmosphäre gibt. Diese Farbe entspricht dem Wasser-Element, das ebenfalls den Südosten aktiviert.

1. Obergeschoss/Norden:

Galerie

Das Studio des Hausherrn wird durch das für ihn günstige Holz-Element gefördert. Daher wurde die Außenwand im Nordosten in einem Pastellgrün gestrichen, das gleichzeitig die Energie des Elements Erde im Nordostens ableitet. Auf diese Weise erhält der Raum in seiner luftigen Transparenz eine zusätzliche Unterstützung.

Eine schützende Wand im Rücken und die Sitzposition nach der unterstützenden Arbeitsrichtung des Nordens ausgerichtet, schaffen für den Hausherrn ein ideales Arbeitsfeld, da die Richtungsenergie des Nordens und das damit verbundene Wasser-Element ebenfalls ein unterstützendes Element für den Mann ist.

Studio (3)

Osten/Südosten:

Badezimmer

Das Badezimmer wurde so konzipiert, dass durch die Waschtische getrennte persönliche Bereiche bestehen, während Wanne und Dusche kombiniert genutzt werden.

Das Türkisblau, das den Elementen Holz und Wasser entspricht, stärkt die Holzbereiche des Südostens und Ostens und dämmt damit auf der symbolischen Ebene das übermäßige, energetische Abfließen des Wassers ein.

Badezimmer (4)

Schlafzimmer Eltern (5)

Südwesten/Westen:

Elternschlafzimmer

Die Stimmung des Schlafzimmers ist durch viel helles Birkenholz geprägt. Die nach Südwesten ausgerichtete Längswand,
die die Schwingung des Elements der Erde in sich birgt, wurde
in einem sanften Lachsrot gestrichen. Mit seinem sanften Yin-
Feuer erzeugt es eine beruhigende und ausgleichende Stimmung, während die rote Bettdecke im harmonischen Zusammenspiel mit der Wand eine Atmosphäre der Intimität und
Ruhe schafft.

Fazit

Die Bauherren empfanden die intensive Beschäftigung
mit dem Thema Farben und Wohnen als kreative Auseinandersetzung zwischen der eigenen Bereitschaft,
Ungewohntes zuzulassen, und der Schaffung harmo-
nischer Räume auf der Basis einer Feng-Shui-Analyse.

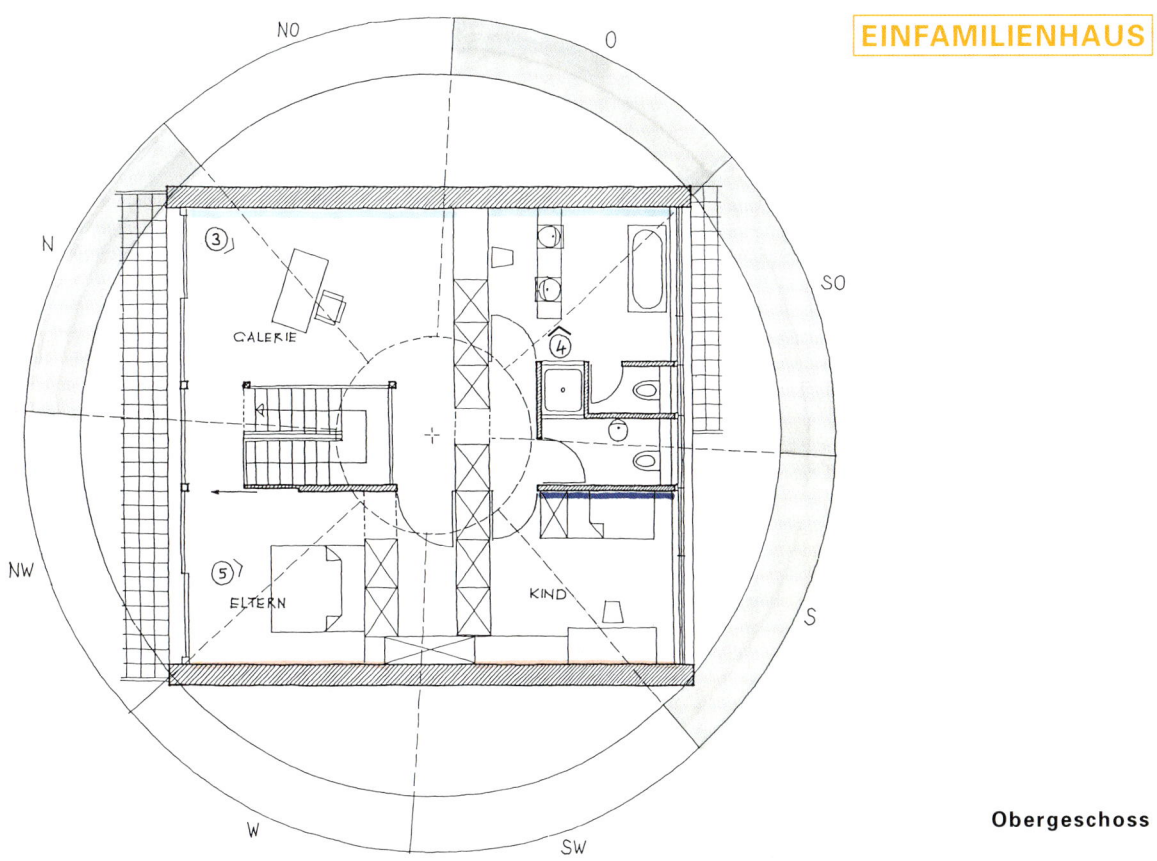

Obergeschoss

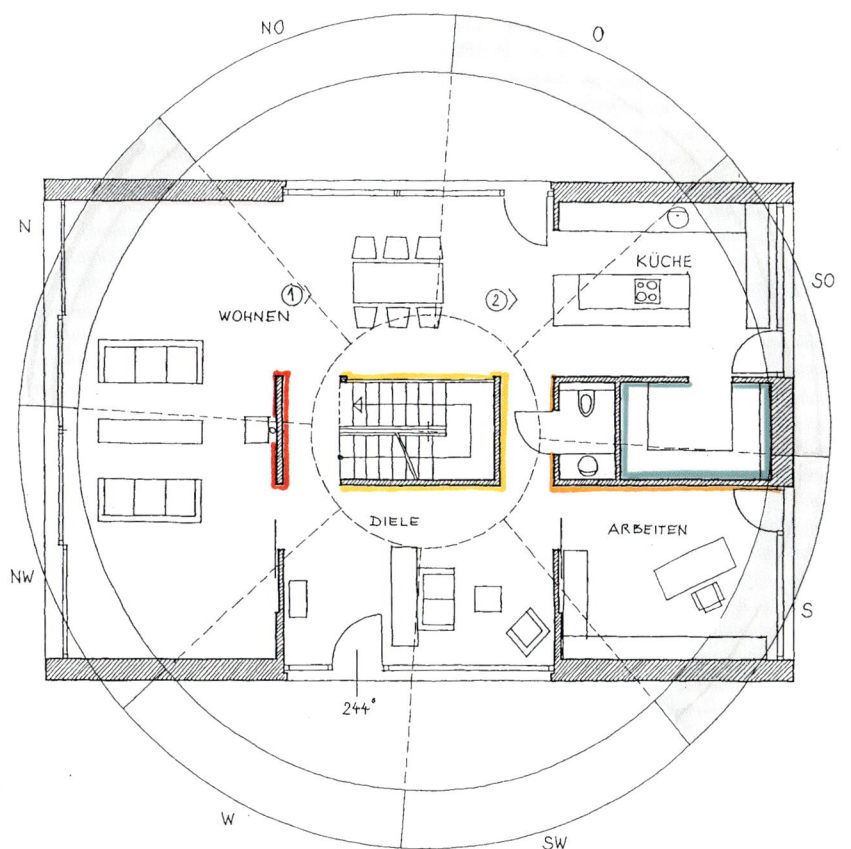

Erdgeschoss

CAFÉ »ZIMT & ZUCKER«

Innsbruck, Österreich

Café »Zimt & Zucker«
Innsbruck, Österreich

Haustrigramm:	KAN 1 Ostgruppe
Sitzposition:	Norden
Blickrichtung:	Süden
Eingang:	180° Süd

Ausgangssituation

Die Gestaltung des heute kleinsten Lokals mitten im Herzen von Innsbruck erforderte aufgrund der minimalen Platzverhältnisse ein besonderes energetisches Konzept. Im vorderen Bereich der Café-Bar sollte eine Theke die ganze Palette der feinen Backwaren und Pralinen zeigen und es musste gelingen, die Gäste auch für den hinteren Café-Bereich zu interessieren.

Umsetzung

Aufgrund der Größe des Lokals wählte ein bekanntes österreichisches Architekten- und Gestaltungsteam daher einen farbigen Spannungsbogen zur bewussten Belebung für den Raum, die Mitarbeiter und die Gäste aus.
Die Farb- und Lichtkonzeption war auch hier die Grundlage für eine erfolgreiche Gestaltung: Dazu gehören ebenso das Farbenspiel der fünf Elemente und die Hell-Dunkel-Kontraste, die durch den Einsatz unterschiedlicher Lichtobjekte entstehen, wie auch die Akzentuierung durch besondere Blickpunkte und das Zusammenspiel von harten und weichen Materialien.

Das nach vorne hin durch die große Glasfront gut einsehbare Café hat durch die feste Wand im hinteren Bereich eine gute Rückendeckung und vermittelt so ein wohltuendes Gefühl der Geborgenheit.

Norden:
Sitzbereich

Der Norden stellt die Rückendeckung dar, wobei die orangefarbene Wand als Feuer-Element ein positives Spannungselement zur Nord-Energie bildet und zur Belebung des Sitzbereichs beiträgt. Die Wand wurde mithilfe der Kammzugtechnik bearbeitet, sodass eine feste, klar umrissene Oberflächenstruktur entsteht. Sie schafft einen Gegensatz zur weich anmutenden pastellgelben Lasurtechnik der Seitenwände – eine gekonnt arrangierte Balance von Yin und Yang. Die energetische Verbindung zum Norden stellen die horizontal angeordneten goldenen Rechtecke der Bilderrahmen her.

Kammzugtechnik der Rückwand (5)

Westen/Osten:

Wandnischen der Sitzbereiche

Die Wandnischen scheinen in einem inneren Dialog zu stehen. Sie bilden trotz ihrer Andersartigkeit ein stimmiges Ganzes: Sind die Felder im Westen kleiner und weisen eine gewisse Statik auf, so ist die Nische im Osten dynamisch aufwärts strebend. Nehmen sich die Nischen im Westen durch ihr mattes Blau vornehm zurück, so tritt die Nische im Osten durch ihre golden glänzende Rückwand leuchtend in den Vordergrund.

Wandnischen im Westen (1)

Wandnische im Osten (2)

Objekt	Form	Farbe	Material	Element
Himmelsrichtung Westen Nischen	statisch	Ultramarinblau		Metall Erde Wasser
Himmelsrichtung Osten Nische Blattvergoldung Pflanze	aufwärts strebend aufwärts strebend	Gold Rotorange		Holz Holz Metall Feuer Holz

Café mit Thekenbereich (3)

Südwesten:

Thekenbereich

Auf seinem Weg zu den fünf kleinen Kaffeetischchen passiert der Gast den Herzpunkt des Cafés, der durch eine blaue, venezianische Lampe akzentuiert wird. Da die gesamte Tonung des Cafés weitgehend in warmen Feuer- und Erdtönen gehalten ist, fällt die in einem gewundenen Metallgehäuse aufgehängte Lampe sofort ins Auge – ein gewollter Effekt, da Energie der Aufmerksamkeit folgt und so der Herzpunkt besonders stark aktiviert wird. Örtlich eng verbunden mit dem Herzpunkt findet das Farb- und Formenspiel in diesem Bereich seine Fortsetzung. Die matte Oberfläche des Ultramarins wechselt mit der glänzenden des Blattgolds. Und die bewegte, riffelartige Struktur der Kanneluren scheint eine Melodie anzustimmen, für die das Ultramarin mit seiner Tiefgründigkeit den Raum gibt.
Und so wird das kleine Café durch das Wechselspiel von Yin und Yang ständig neu belebt.

Detail Thekenfront (4)

Objekt	Form	Farbe	Material	Element
Thekenfront	leicht geschwungen			Wasser
Kanneluren	wellig			Wasser
		Gold		Metall
		Ultramarin		Wasser

Bodenfliesen

Beim Durchschreiten des Cafés fällt sofort der Boden mit seinen kleinen braunen, weißen und schwarzen Kachelquadraten auf, die den Raum optisch erweitern, ohne dass die Bodenhaftung verloren geht. Zudem entsteht ein unaufdringliches, aber energetisch günstiges Farbspiel von Hell und Dunkel, das entlang der Nord-Süd-Achse in den hinteren Sitzbereich führt.

Fazit

Das Café ist inzwischen nicht nur ein bekannter Treffpunkt der Touristen, sondern durch die Verbindung von ausgezeichneten Confiserien und einer stimmigen Gestaltung auch beim einheimischen Publikum überaus beliebt. Ebenfalls spürbar ist die Zufriedenheit des Personals, das die Arbeit in dem raffinierten Ambiente genießt. Der in jeder Hinsicht bemerkenswerte Erfolg hat dazu geführt, dass die Inhaber in Innsbruck inzwischen ein zweites größeres Café nach dem gleichen Konzept eröffnet haben.

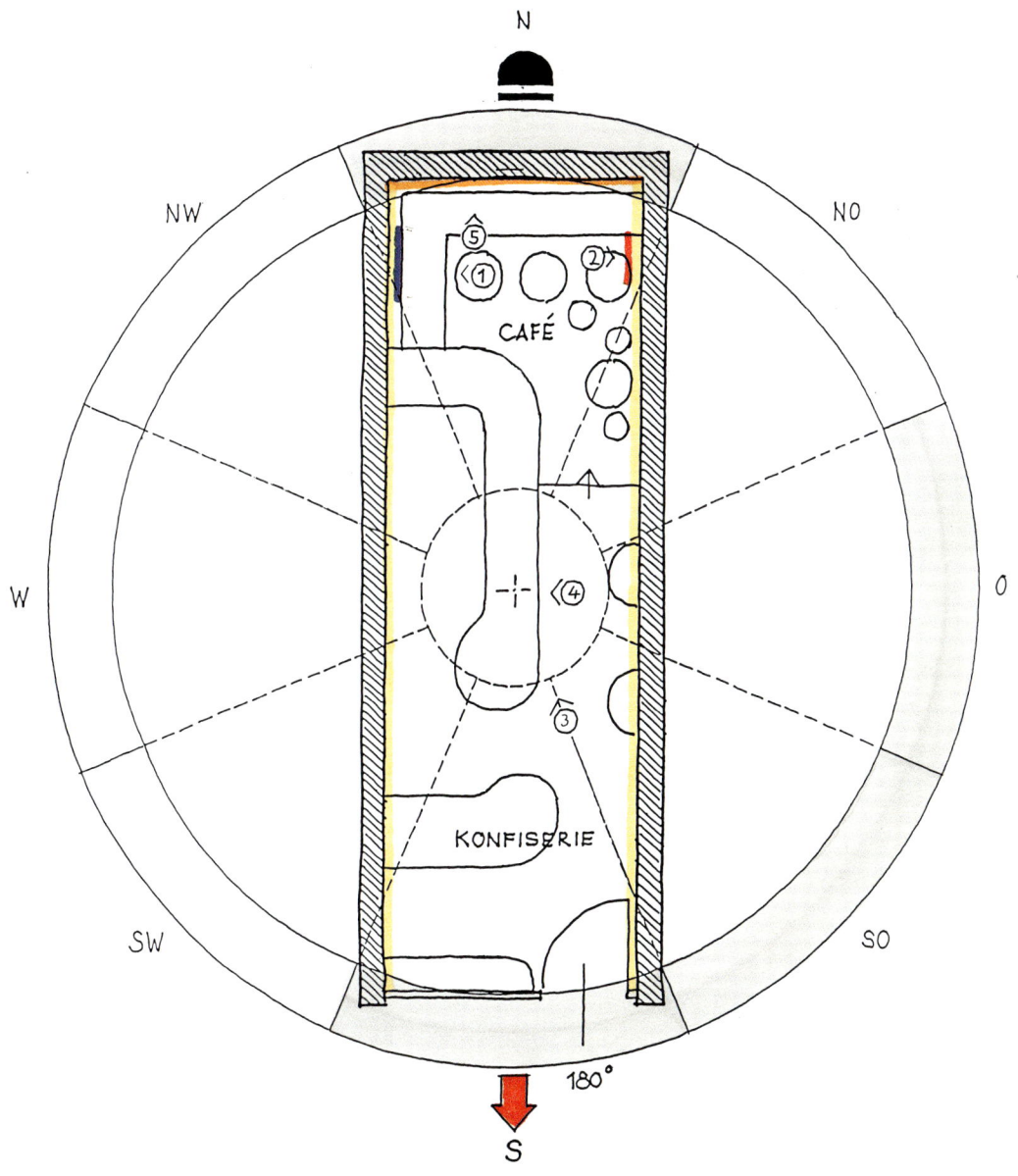

EIGENTUMSWOHNUNG

Köln

Eigentumswohnung
Köln

Trigramm der Mutter:	CHIEN 6 Westgruppe
Trigramm der älteren Tochter:	KEN 8 Westgruppe
Trigramm der jüngeren Tochter:	CHIEN 6 Westgruppe
Eingang:	228 ° Südwest

Ausgangssituation

Anfang der 90er Jahre zog eine junge Mutter mit ihren Kindern nach Köln, wo sie zwei kleine Eigentumswohnungen erwarb, die sie durch einen Wanddurchbruch miteinander verbinden ließ. Um die Umbau- und Renovierungskosten in einem überschaubaren Rahmen zu halten, hatte sie das Verputzen der Wände beim Einzug selbst übernommen, wobei die durch das Auftragen mit den Händen entstandenen unruhigen Putzstrukturen sie zunächst nicht störten. Für sie, so schilderte sie, kam diese Arbeit einer Therapie gleich.

Mit den Jahren hatte sich die Ausgestaltung der Wohnung jedoch überlebt. Die älteste Tochter studierte mittlerweile, der Sohn hatte im Haus ein eigenes kleines Appartement bezogen

und nun galt es, die Räume energetisch besser auf die Bedürfnisse der restlichen Familienmitglieder abzustimmen. Laut Aussage der Frau gab es zudem einige Auffälligkeiten, die sie an ihrer Wohnung irritierten:

»Ich frage mich, warum ich seit einigen Jahren so oft den Wunsch habe, mich in ein Café zu setzen, wo ich doch früher meine Tasse Tee am liebsten zu Hause genossen habe. An den Kindern liegt es nicht, denn wir haben ein herzliches Verhältnis zueinander.

Die Diele erscheint mir mittlerweile zu streng und auch die Vorsprünge an den Zimmerdecken und Wänden stören mich, weil sie so hart wirken.

Im Esszimmer fühlt sich die Wand hinter mir so instabil an und obwohl ich eigentlich sehr gerne koche, verliere ich seit Jahren immer mehr die Lust am Kochen.

Wandstruktur

Küche vorher

Flur vorher

Wintergarten vorher

Anfangs war der Wintergarten unser aller Lieblingsplatz. Nachdem wir aber die weißen Wände lachsfarben gestrichen hatten, hielt sich hier kaum noch jemand auf. Selbst der Mittagsschlaf auf der Liege macht inzwischen keine rechte Freude mehr, weil er mir keine Entspannung bringt.

Auch die jüngeren Kinder schlafen sehr unruhig in ihren Hochbetten und vor allem meine ältere Tochter hat Schwierigkeiten, sich beim Arbeiten zu konzentrieren.

Der Weg zu meinem Schlafzimmer an der Garderobe vorbei ist wegen der Enge oft sehr bedrückend. Durch die ehemalige Wohnungstür, die sich hinter den Mänteln und Jacken befindet, fühle ich mich außerdem zu wenig gegen das Treppenhaus hin abgegrenzt.«

Umsetzung

Im Verlauf der Beratungsgespräche wurde der Eigentümerin bewusst, dass die unregelmäßige, äußerst lebhafte Kalkputzstruktur der Wände nicht nur wegen des verwendeten Materials sehr harte Schwingungen im Raum erzeugte. Die Wände beschrieben die emotionale Befindlichkeit der Frau zum Zeitpunkt des Einzugs. Und täglich wurde ihr Unterbewusstsein mit diesen Impulsen konfrontiert. So konnte sie innerlich keine Ruhe finden und ihr Fluchtverhalten war nur allzu gut nachvollziehbar.

Das Leben der jungen Mutter hatte sich mit den Jahren stabilisiert und die Geschichten, die die Wände erzählten, waren veraltet. Daher wurden zunächst die Dielenwände glatt überputzt, die Kanten der Vorsprünge gebrochen und die Zimmerecken abgerundet, wodurch die Räume plötzlich spürbar sanfter wirkten.

Um den starken Energiefluss zu reduzieren, der ungebremst durch die Diele in das im Osten liegende Kinderzimmer »schoss«, wurde im Flur ein antiker Kronleuchter aufgehängt. Er bringt heute mit seinen funkelnden Prismenelementen nicht nur Glanz und Lebendigkeit in diesen Bereich, sondern zieht Energie an und verteilt sie durch die Lichtbrechung gleichmäßig auf die anderen Zimmer. Ein Kinderbild verleiht dem Durchgang zudem mehr Heiterkeit und Verspieltheit.

Diele (1)

Südwesten/Süden:

Eingangsbereich

Durch den unregelmäßigen Grundriss waren der Süden und Südwesten energetisch unterversorgt, sodass die Elemente Feuer und Erde gestärkt werden mussten. Deshalb wurde die Eingangstür von innen in einem kräftigen Zinnoberrot deckend gestrichen, das der Tür eine lebenspendende, wärmende Fülle verleiht. Ein schwerer brauner Filzvorhang wurde angebracht, der die Bewohner vor dem unruhigen Energiefluss des Treppenhauses schützt.

Die Wände der Diele wurden mit elfenbeinfarbener Pigment-farbe aus der Le-Corbusier-Serie gestrichen, wobei dem Weiß ein Hauch Rot beigemischt wurde. So entstand ein zarter Rosenton, der den gesamten Dielenbereich jetzt viel sanfter wirken lässt und gleichzeitig die für alle Familienmitglieder unruhige Energie des Südostens und Ostens ausgleicht.

Das mehrlagig lasierte rauchblaue Rechteck bildet einen farbi-gen Spannungsbogen zur roten Eingangstür, der das energeti-sche Niveau im Eingangsbereich anhebt. Die Rhythmik zwi-schen dem tiefgründig lasierten Blau und dem volltonigen Rot sorgt trotz aller Gegensätzlichkeit der Elemente von Wasser und Feuer für eine wohltuende innere Balance des Eingangs-bereichs.

Eingang (2)

Objekt	Form	Farbe	Material	Element
Süden / Südwesten				Feuer / Erde
Eingangstür	hochkant			Holz
		Rot		Feuer
Vorhang		Braun		Erde
Rechteck	hochkant			Holz
		Blau		Wasser

Schreibplatz der älteren Tocher (3)

Schlafbereich (4)

Südosten:

Zimmer der älteren Tochter

Da dieser Bereich im Südosten liegt und somit dem Holz-Element zugeordnet ist, musste er abgeleitet werden, weil das Kind zum Element Erde gehört. Dies geschah in Form eines aufgehellten mandaringelben Anstrichs mit einem weißen

Rahmen um den Fenster- und Türausschnitt herum. Gerade bei gelbtonig gestrichenen Zimmern erscheint es wichtig, die Energie des Erd-Elements nicht raumbeherrschend zu lassen. Farbige Gestaltungselemente wie hier die weißen Rahmen können helfen, das Erd-Element abzuleiten und das Zimmer an diesen Stellen energetisch zu weiten. Auf diese Weise verhindert man einen einengenden Schuhkarton-Effekt, der das Mädchen in seinem Entfaltungsprozess behindern würde.
Eine Kugel aus Rüsterholz stärkt zudem symbolhaft die weiblichen Kräfte.
Der Schreibtisch wurde so gestellt, dass die Tochter beim Arbeiten nach Südwesten blickt.
Das Hochbett wurde durch ein flaches erdnäheres Bett ersetzt, dessen Schlafausrichtung nach Nordwesten zeigt.
Die Zimmerecke am Fußende des Betts wurde mit zwei aneinanderstoßenden kastanienbraunen Rechtecken energetisch gehalten.
Da das Mädchen aufgrund der Feng-Shui-Astrologie das Feuer-Element unterstützend benötigt, erhielt die Wand gegenüber ihrer Zimmertür senkrechte rote und apricotfarbene Streifen.
Eine Überlasur aus Perlglanz legt sich mit ihrem milchig glänzenden Schleier über die Streifen und bewirkt eine für das Feuer-Element ungewöhnlich zurückhaltende Schwingung.

Wandstreifen (5)

Kinderzimmer der jüngeren Tochter (6)

Osten:

Zimmer der jüngeren Tochter

Das jüngste Kind gehört mit seinem Trigramm zur Westgruppe und hat sein Zimmer im Ostbereich der Wohnung. Die Disharmonie zwischen dem Trigramm und der Ausrichtung dieses Zimmers wurde durch die energetische Reduzierung des Ostens ausgeglichen. Weiß und Gelb wurden zu den gestaltungsbildenden Farben. Zusammen mit einem Blauton gehören diese Farben zu den Lieblingsfarben des Mädchens. Da das Blau aber zum Wasser-Element gehört, das den Osten

nährt, wurden in diesem Zimmer lediglich zierende hellblaue Farbstreifen angelegt. Aus der Sicht der Feng-Shui-Astrologie war das Blau jedoch unverzichtbar, um das starke Metall-Element des Mädchens ein wenig abzuleiten. Dieser Aspekt ermöglichte eine rahmenartige Wandgestaltung um das Fenster herum, so wie im Zimmer der älteren Schwester. Der Fensterausschnitt erhielt dadurch eine wesentlich schmeichelhaftere Form.

Der Schreibtisch wurde so ausgerichtet, dass die Tochter heute in Richtung Nordosten arbeitet, während die Schlafrichtung nach Nordwesten zeigt.

Nordosten/Norden:

Küche

Die ehemals apfelgrün gestrichene Küche stand in einem energetischen Konflikt mit dem Erd- und Wasser-Element des Nordostens und Nordens. Zudem verbrauchte das Grün die Kraftreserven der Eigentümerin, da sie zum Metall-Element gehört. Aus diesem Grund erhielt die Küche einen neuen Anstrich in einem zurückhaltenden Gelbton, dessen Übergang zur heruntergezogenen weißen Decke durch einen feinen Goldstreifen markiert ist. Der Herd wurde innerhalb der Kochinsel so ausgerichtet, dass die Familie heute in Richtung des Wohnungszentrums (Südwesten) arbeitet, während die ehemalige Arbeitsrichtung (Nordwesten) aus der Wohnung hinauswies.

Im Spülbereich des Nordens zwischen dem nachtblauen Granit der Abtropffläche und der gelben Wandfarbe stellt ein goldfarbener Halbkreis, der mit alten metallenen Schokoladenhohlformen verziert ist, den energetischen Ausgleich zwischen den Elementen Wasser und Erde her.

Küche (7)

Norden:

Wintergarten

Den Übergang zum Wintergarten ziert ein goldener Rahmen, der um den Durchgang herum verläuft und energetisch zum ultramarinblauen Wintergarten überleitet. Da durch die breite Fensterfront des Wintergartens sehr viel Energie nach außen abfließt, wurde das sanft umhüllende Ultramarin gewählt, um sowohl das Energieniveau des Raums anzuheben als auch die Wohnung insgesamt energetisch stärker zu balancieren. Die ausgleichende Wirkung des Raums ist vor allem dem Aufstrich in Lemniskaten (liegenden Achten) zu verdanken. Die grünfarbigen Accessoires – der grün gestrichene Heizkörper und zahlreiche Pflanzen –, die sich in dem vom Bildausschnitt nicht erfassten Teil des Wintergartens befinden, harmonisieren den für die Familie eher unruhigen Norden.

Wintergarten (8)

Nordwesten:

Esszimmer

Das zwischen Küche und Esszimmer gelegene Kinderbadezimmer führte im Esszimmer durch seinen unruhigen, abfließenden Energiestrom zu einem Gefühl der Destabilisierung.

Das mehrschichtig lasierte Rechteck besitzt durch seine samtigen Brauntöne eine besondere Tiefenwirkung, die durch Kreuzschlag und Lemniskaten so stark verdichtet wurde, dass sie die

unruhige Energie aus dem Badezimmer mühelos auffängt. Ebenfalls beruhigend wirken das erdfarbene Ensemble des Esstischs und der Bestuhlung, das weiße halbhohe Schränkchen und die seidig glänzende Dekoration an den Fenstern, die mit den Schwingungen des Metall-Elements im Nordwesten harmonieren, während ein antiker Kronleuchter den Energiefluss über dem Esstisch zentriert.

Esszimmer (9)

Südwesten:

Durchgang zum Schlafbereich
der Eigentümerin

Der Durchgang zum Schlafbereich wurde im Bereich der Garderobe mit einer japanischen Schiebewand geschlossen. Zusätzlich wurden die Innenseiten des Garderobenschranks in einem Rauchbraun mit waagerechter Pinselführung gestrichen, um die energetische Abgrenzung zum Treppenhaus zu verstärken. Der Flur erhielt eine Lasur in verschiedenen Gelb-, Rot- und Apricottönen.
Durch die beiden Lichtschalen erhält der Südwesten zusätzlich die Energie des Feuer-Elements. Die Umgestaltung macht nun aus dem Durchgang einen vollwertig integrierten Lebensraum.

Durchgang zum Schlafzimmer (10)

Fazit

»Meine Wohnung fühlt sich heute wesentlich spannungsfreier an. Die glatten Wandoberflächen lassen mich zum ersten Mal leichter atmen und ich habe das Gefühl, als ob wir plötzlich mehr Platz hätten – eine Veränderung, die auch unseren zahlreichen Freunden aufgefallen ist. Selbst die Freude am Kochen ist zurückgekehrt und endlich gibt es die langersehnten Momente, in denen wir mit einer Tasse Tee oder einem Glas Wein in der Hand plaudernd in der Küche stehen, während die Speisen garen. Überhaupt ist der hintere Teil der Wohnung zu neuem Leben erwacht. Zwar ist der Wintergarten lang und schmal, aber mit seinen neuen Farben ist er jetzt nicht nur ein idealer Ort zum Entspannen, sondern auch ein Treffpunkt für den familiären Gedankenaustausch – manchmal zu zweit oder auch zu mehreren, denn Platz ist dort immer zu finden.
Die Umgestaltung der Kinderzimmer hat den Entwicklungsprozess meiner Töchter sehr gefördert. Der neu gewonnene, erholsame Schlaf der Kinder und die Kraft, die durch eine sensibel auf jedes einzelne Kind abgestimmte Arbeitsplatzgestaltung freigesetzt worden ist, haben den Kindern geholfen, ihre Kräfte zu bewahren und dadurch zu größerer innerer Festigkeit und mehr Selbstbewusstsein zu gelangen.«

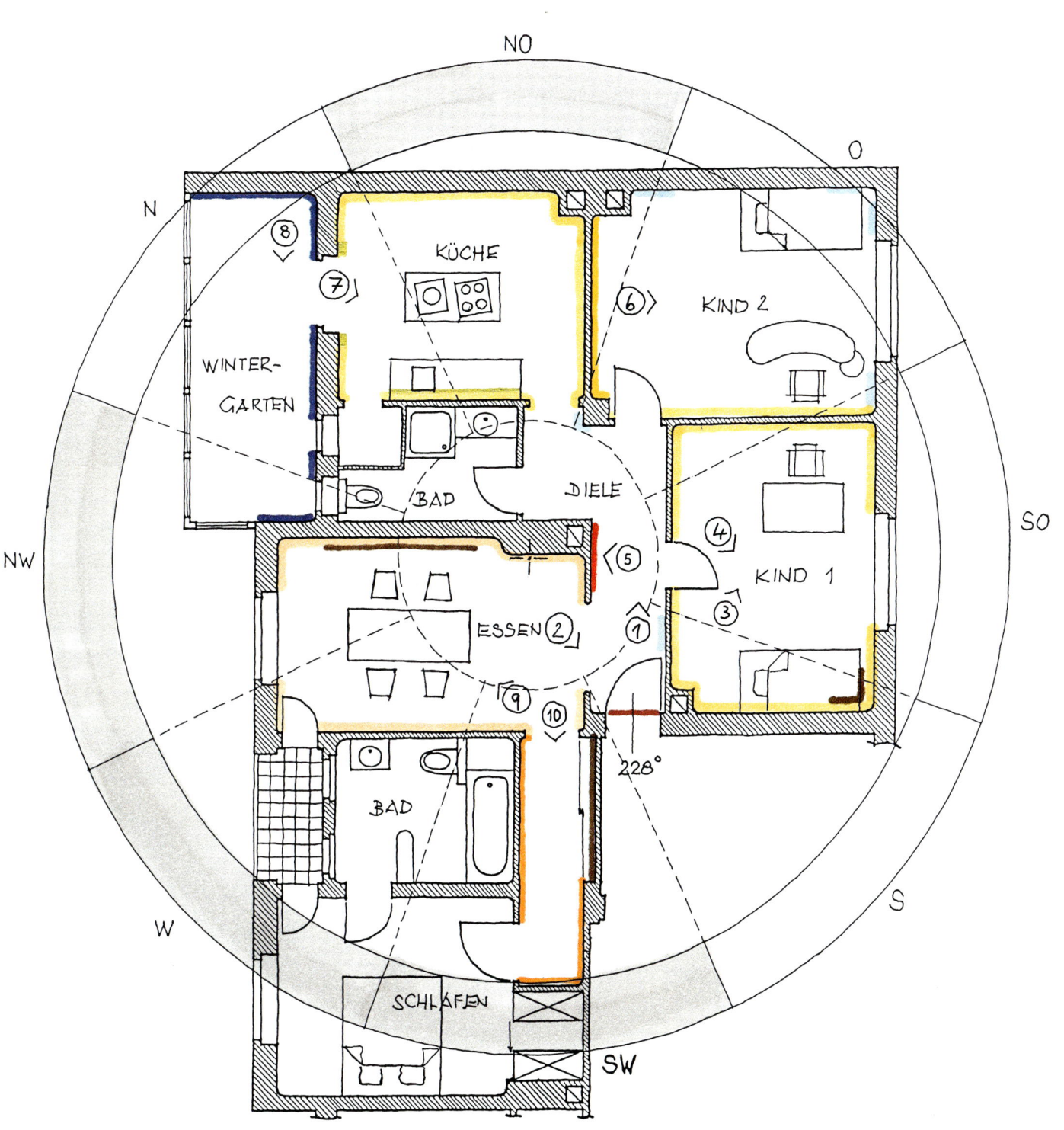

NACHWORT UND DANKSAGUNG

Nachwort

Oder was mir noch zu sagen bleibt

Es gibt in unserem Leben nichts Unveränderliches und das einzig Verlässliche ist der ständige Wandel, dem alles unterworfen ist. Handeln wir also nicht gegen die Natur, wenn wir versuchen, an allem festzuhalten?

Lieber Leser, ich wünsche mir, dass der Inhalt meines Buches Ihnen die Zuversicht gibt, dass Veränderungen, im Kleinen und Großen möglich und notwendig sind, dass die Kraft in jedem von uns vorhanden ist, sich auf den Weg zu machen, dass es an jedem einzelnen liegt, den ersten Schritt zu tun und dass der Mut, Neues zuzulassen, ein enormes Energiepotenzial freisetzt. Hadern Sie nicht mit dem, was ist, denn es ist bis zum heutigen Tag für Sie gültig gewesen. Vielleicht ist nun für Sie die Zeit gekommen, sich auf das zu freuen, was noch von Ihnen entdeckt werden will.

Vertrauen Sie dabei auf Ihre Intuition und die unterstützenden Qualitäten der Himmelsrichtungen, die Ihnen den Weg zum spielerischen Umgang mit den Farben weisen.

Und wenn Sie Ihren Lebensräumen einen farbigen Swing entlockt haben, dann können Sie gewiss sein, dass Sie es waren, der den heiteren Funken des Lächelns selbst gezündet hat.

Danksagung

Es ist mir Freude und Ehre zugleich, den Menschen, die das Entstehen dieses Buches möglich gemacht haben, zu danken. Ihnen allen gilt meine tiefe Wertschätzung. Dennoch – meine größte Dankbarkeit gilt dem Leben überhaupt mit all seinen Facetten, das unendlich viele Möglichkeiten anbietet, Erfahrungen zu sammeln, an denen Menschen wachsen können.
Im Zusammenhang mit dem Entstehen meines Buches danke ich besonders dem Farbenhersteller Brillux für sein Vertrauen in meine Arbeit. In einer Vielzahl von Seminaren durfte ich dadurch mein Wissen an die Seminarteilnehmer weitergeben und meine Erfahrungen mit ihnen teilen. Die kritische Haltung der Kursteilnehmer hat mich stets in die Pflicht genommen und mir geholfen, meinen eingeschlagenen Weg immer wieder zu überdenken. Die Bereitschaft meiner Kunden, sich über all die Jahre vertrauensvoll an mich zu wenden, hat mich reich beschenkt. Die Offenheit, über Hindernisse in ihrem Leben zu sprechen und Lösungswege zu suchen, beeindruckt mich tief. Und umso glücklicher habe ich mich gefühlt, wenn ich von der Vielzahl positiver Veränderungen erfahren durfte, die mit der Zeit eingetreten waren.
Mein besonderer Dank gilt Ingo Pfeifer, der mit seinem ausgleichenden, heiteren Wesen und seinem unermüdlichen Einsatz mit großer Genauigkeit alle Pläne und Skizzen handgezeichnet hat. Seine Hingabe an die Arbeitsaufgabe hat mein Buch wertvoller gemacht.
Wie schwer wäre das Überwinden gerade auch der inneren Widerstände geworden, wenn nicht Johannes Klinger stets zum richtigen Zeitpunkt einfühlsame, aufmunternde Worte gefunden hätte. Danke auch an Jeanette Klinger für ihre warmherzige Unterstützung. Thomas Hoffmann, Michael Rapp und Marlis Pfeifer haben mir viele Stunden geschenkt, um mit mir das Konzept meines Buches zu diskutieren und ihr Wissen mit mir zu teilen. Wertvolle Anregungen zur inhaltlichen und stilistischen Stimmigkeit verdanke ich Dagmar Oertel. Sie hat mir mit Zurückhaltung und großer Klarheit Wege aufgezeigt, wo mir der Blick verstellt war.

Mein Dank gebührt auch den Mitarbeitern des Callwey Verlags, die bereit waren, meinem Konzept zu folgen und die mit großem Engagement die fristgerechte Fertigstellung meines Buches betrieben haben; hier denke ich besonders an Bettina Schmidt und Dorothea Montigel, die immer bemüht waren, auf meine Wünsche einzugehen.
Wunderbar auftanken konnte ich bei meiner Freundin Anne Devillard. Ihre Heiterkeit, Klugheit und Lebenserfahrung haben mir dann weitergeholfen, wenn meine Zweifel am größten waren. Sie ist es auch gewesen, die mich zusammen mit Jean-Luc Heymann und Marlis Pfeifer ausdrücklich zu diesem Buchprojekt ermuntert haben.
Meine Dankbarkeit gilt auch meinen Lehrern, die mich im Lauf meines Lebenswegs an ihrem Wissen teilhaben ließen und mir so bei der Suche nach dem inneren Wesenskern des Feng Shui halfen.
Die stille Freundlichkeit, mit der Weizhen Guo sein zeichnerisches Talent einbrachte, machte ihn gerade in der Endphase der Fertigstellung meines Buches zu einem angenehmen Wegbegleiter.
Dem Farbrat danke ich für die Aufnahme in die Wertegemeinschaft angesehener Maler. So können wir gemeinsam neue Wege in der Raumgestaltung gehen.
Karin Scholze, Georg Breuer, Slobodan Mitrovic und Ralf Meinhardt danke ich für ihr offenes Ohr immer dann, wenn die Arbeit zu stocken drohte; Dr. Katrin Trautwein und Thomas Zellner für ihr Entgegenkommen.
Dariush danke ich von Herzen für seine menschliche Wärme, seine Bereitschaft, mich zu unterstützen und seine kulinarischen Muntermacher, die uns oftmals »am Leben erhalten haben«.
Die Zuneigung meiner vier Kinder Marie-Kristin, Jens-Kristian, Mirja-Lisa und Anna-Lea hat mich stark gemacht, dieses Projekt zu verwirklichen. Ihnen widme ich dieses Buch, verbunden mit dem Wunsch, dass sie stets die Kraft haben, dem wunderbaren Swing des Lebens zu lauschen.

Erfurt-Feng-Shui

Für ein Leben
in Harmonie.

ERFURT®
WÄNDE ZUM WOHLFÜHLEN

Feng-Shui – wörtlich „Der Weg des Windes und des Wassers" – ist die Kunst und Wissenschaft vom Leben in Harmonie mit der Umgebung. Mit Erfurt-Feng-Shui schaffen Sie optimale Voraussetzungen für ein positiv angenehmes Wohngefühl. Die Oberfläche dieser hochwertigen Vliestapete ist mit Original-Nathal-Kryptogrammen gestaltet. So entstehen atmosphärisch dichte Räume mit dezenter Ausstrahlung. Die Farbauswahl sowie die passenden Tapetenborten eröffnen Ihnen zahlreiche individuelle Gestaltungsmöglichkeiten. Erfurt-Feng-Shui – für ein Leben in Harmonie.

Service-Hotline: (02 02) 6110-375

Erfurt & Sohn KG · Hugo-Erfurt-Straße 1 · D-42399 Wuppertal · Tel. (0202) 6110-0 · Fax (0202) 6110-89 451 · www.erfurt.com · info@erfurt.com

Adressen

(in alphabetischer Reihenfolge)

Feng-Shui-Beratungen und Architekten

Büro für Lebensraumgestaltung und Feng Shui
Gudrun Mende
dipl. Feng-Shui-Beraterin
Petersbergstr. 2, 50939 Köln
Tel.: +49 (0)221-222 98 27
Fax: +49 (0)221-222 98 29
e-mail: mende@fengshuikoeln.de
www.gudrun-mende.de
Projekte 2, 3, 4, 5, 6, 7, 8, 9, 11, 12, 16;
Abb. S. 1, 4, 7, 8, 14, 15, 16, 20 oben: alle außer re;
Mitte: alle außer li.; unten re.; 21,25, 27, 28, 30, 32, 37
oben, 38, 40 unten, Mitte und re., 41, 42, 43, 44, 45,
50, 56, 57, 62, 74 li., 81, 101, 103 li., 104 li., 109, 110,
111, 112 oben, 115, 117 oben re., 118, 123 li., 140, 141,
142, 144, 147, 150 unten, 151, Umschlagrückseite
unten li. u. re.;

Feng Shui Design
Johannes Glotz, Architekt
und dipl. Feng-Shui-Berater
und Helmut Siebenförcher, Architekt
Im oberen Feld 8a, A-6074 Rinn
Tel.: +43 (676) 5302588
Projekte 10, 15

Living Media GmbH
Corporate Events und Consulting
Arndt Schäfer
Postfach 420646, 50900 Köln
Tel.: +49 (0)221-973034-01
Fax: +49 (0)221-973034-11
e-mail: arnd.schaefer@livingmedia.de
www.livingmedia.de
Projekt 1
Abb. S. 59, 60

Marion Otto
Architektin und dipl. Feng-Shui-Beraterin
Wodanstr. 20, 90461 Nürnberg
Tel./Fax: +49 (0)911- 37 90 04
Projekt 13

Raumgestaltung und Wandmalerei
Johannes Klinger
Hochstätt 9, 83253 Rimsting

Tel.: +49 (0)8054-7898
e-mail: johannes.Klinger@t-online.de
www.innovative-wandmalerei.info
Projekt 6
Abb. S. 6, 20 Mitte li, 40 oben alle, 84 unten, 86 oben
und unten li., 87 unten, 88 oben,
Wandbilder S. 149, S. 150 unten und S. 153 wurden
von Johannes Klinger, seinem Team und Gudrun
Mende realisiert.

yoka a&d Feng Shui architecture & design
Beatrice Bopp, Feng-Shui-Beraterin
Lisa Furter, Architektin
Tobelhofstr. 2, CH-8044 Zürich
Tel.: +41 (1) 251 84 55
Natel: +41 79 678 42 88
Fax: +41 (1) 261 1671
e-mail: b.bopp@bluewin.ch
e-mail: lisafurter@bluewin.ch
Projekt 14

Skizzen und Pläne

Kuhn Design
Wolfgang Kuhn, Dipl.Designer
Wilhelmstr. 40, 53474 Ahrweiler
Tel.: +49 (0)2641 359723
Abb. S. 92

Ingo Pfeifer, Architekt
Vossen links 6, 40545 Düsseldorf
Tel.: +49 (0)211- 553187
Mobil: 0172-2966762
Alle Pläne und Skizzen
Abb. S. 10-12, 16 re., 17, 24, Farbkreis S. 38: Realisierung Ingo Pfeifer und Gudrun Mende, 44-49, Zeichnung S. 96: Vorlage Gudrun Mende, Köln. Realisierung: Anne Hoffmann, Berlin, Ingo Pfeifer, Köln und Weizhen Guo, Köln

Weizhen Guo, Köln
Abb. S. 37 oben, 56

Textnachweis:
Projekt Einfamilienhaus, Olten (CH):
Beatrice Bopp
Projekt Werbeagentur, Nürnberg:
Marion Otto, Nürnberg
Alle anderen Texte: *Gudrun Mende, Köln*

Fotografen und Bildnachweis

Ast Fotografie, Köln
Claudia Ast
Mobil: 0177-7 10 15 20
e-mail: claudia.Ast@web.de
www.ast-fotografie.de
Abb. S. 90, 93, 94

»Die Fotografen«, Innsbruck
Tel.: +43 (512) 56 07 70
Abb. S. 2, 106, 108, 112 unten, 143, Umschlagrückseite oben li.;

Fotostudio Balsereit, Köln
Autorenfoto

Friends & Pflaumer Studio GmbH, Nürnberg
Knut Pflaumer
Tel.: +49(0)911 3938133
Fax: +49(0)911 3938114
e-mail: contact@friends-and-pflaumer.de
www.friends-and-pflaumer.de
Abb. S. 128-132;

Jasmin Horozic, B-Gent
e-mail:jhorozic@yahoo.com
Mobil: +32-486 538 508
Abb. S.20 unten alle außer re; 37 unten, 66, 69 oben
re. u. unten re, 70 oben re., 72, 73, 75, 76, 78, 82, 83,
84 oben, 85, 86 unten li., 87 oben, 88 unten, 91, 92 li.,
100, 102, 103 re., 104 re., 114, 116, 117 li., 119, 122,
123 re, 124-126, 146, 148, 149, 150 oben, 152-154;

Niko Koliosis, Stuttgart
Abb. S. 40 unten li., Umschlagrückseite oben re.;

Ferit Kuyas, CH-Wädenswil
Tel.: +41 (1)780 40 70
Abb. S. 134-138;

Hans Joachim Smuda, Hamm/Westfalen
Abb. S. 67, 69 oben li. und unten li., 70 li.;